終活のすすめ

最期まで自分らしく生きる

丸山 学

同文舘出版

プロローグ

平成23年3月11日午後2時46分。日本人にとって忘れ得ぬ日となったこの瞬間、あなたはどこにいらっしゃいましたか?

私は仕事で調べ物があり、東京永田町の国会図書館で地下1階への階段を下りている途中でした。突然、ゴーッという建物の外を強風が吹き抜けるような音が聞こえてきて、足元の階段が揺れ出しました。

一瞬、強風で建物が揺らされているのかと思いましたが、次の瞬間にはまさか国会図書館のような堅強な建物が風でこれほど揺れるはずがないと気づき、大きな地震だと認識しました。

慌てて1階に戻ると、利用者が皆、机の下に入って悲鳴をあげていました。

私もすぐに机の下に潜り込むと、館内放送が流れ始めました。

「この建物は安全です。外に出ると危険ですので、このままとどまってください」

その放送を聞いて少し安心したのも束の間、次の瞬間には火災警報器が鳴り響き、階（食堂がある階です）から出火した模様だとの館内放送が流れました。

後に火災警報器は誤作動であったとの知らせに皆、落ち着きを取り戻しましたが、まさに「このまま死ぬのかな」と、妙に冷静に頭によぎった瞬間でした。

この日、首都圏の電車は壊滅状態で、国会図書館の閉館時間になっても動き出してくれませんでした。

夜になり、仕方なく外に出てみますと永田町周辺は人と車で溢れかえっていました。見たこともない光景が図書館の外に広がっていたのです。

車は大渋滞で全く動かないまま数珠つなぎになっています。歩道に溢れかえる人々は、目的地があるのかないのか皆、ひたすら歩き続けています。

私も、どこに行くという当てがあるわけでもないのに、なぜかその人の波と一緒に歩き続けました。埼玉県所沢市にある事務所や家まで歩けるものだろうか？　などと、ぼんやり考えながら黙々と人の波に流されていました。

コンビニやファーストフードの店は早々に「閉店」の貼り紙を出し、どこかに入って落ち着くこともできません。携帯電話でホテルを検索して電話をかけても全くつながりません。宿泊はとても無理なことは明らかでした。

やがて、ポツポツと雨も落ちてきて、歩きながらもこれはどうにかしなければと思い始めていた時、ホテルニューオータニの1階にあるショッピングモールの灯りに吸い寄せられるようにして入っていきました。

既に何人かの人がショッピングモールの廊下に座り込んでいます。

私もそれに倣い、壁にもたれかかれる一角に腰を下ろしました。

先ほどらい携帯電話でネット情報を見続けていた影響で、電池切れも間近になり情報を取得することさえ叶わなくなりつつありました。

しかし、このように偶然に腰を落ち着けた場所が高級ホテルで非常にラッキーでした。やがて、ホテルのほうで避難者に毛布や水も配ってくださいました。

6階にあるロビーには椅子もあるし、テレビもあるとのことで（エレベーターは既に停止していたので）、階段を歩いてロビーまでたどり着きました。

そこで初めてテレビを見ることができました。そして、テレビを見た私の目に飛び込んできたのは、炎に包まれる気仙沼の惨状と、「仙台市若林区に200人の遺体があるとの情報です」と、繰り返し叫ぶアナウンサーの声でした。

それまで、「いやあ、今日はひどい目に遭ったなあ」などと思っていた私でしたが、毛布にくるまって暖かい場所でテレビを見られている自分の置かれた状況など全く幸せであると初めて悟ったのでした。

その後の東北を中心とした東日本が置かれた過酷な状況は、改めて記すまでもありません。

翌朝、電車が動き出し、自宅に無事に帰ることができました。

私は自宅のある埼玉県所沢市内で行政書士事務所を経営していますので、すぐに事務所にも出向き事務所内の無事も確認しました。

おそらくは日本人のほとんどがそうであったように、そこからの1週間を呆然として過ごしました。

事務所に出勤はするものの、計画停電の影響などもあり、仕事に身も入りません。

震災の日から1週間は、仕事関連の人とお互いに無事を確認するもの以外、事務所の電話は全く鳴りませんでした。

「これはしばらくの間、事務所の売上も全くなくなるかもしれないいな……」

そう覚悟をして、とりあえず溜まっている仕事の処理に専念することに決めたのですが、地震からちょうど1週間経った日から急に事務所の電話が鳴るようになりました。それは、当事務所が製作・販売している「エンディングノート」を注文する電話だったのです。

◉東日本大震災の直後から「エンディングノート」の購入者が増え出した

「遺言書」の存在は多くの方がご存じだと思います。遺言書は、「自分の財産を誰にどれだけ相続させるか」などといった法律的なメッセージを記載するものです。

しかし、自分が終末期に意思表示ができない状態になった時、そして死亡した後には、そうした財産分与といった法的なことだけではなく、「無理な延命治療はしないでほしい」「葬儀には誰を呼んでほしい」「お墓はここに入れてほしい」といったように伝えたいさまざまな事項が存在します。

また、生前には伝えられなかった家族への最後のメッセージ。自分の財産（あるいは負債）はどこにどのようなものがあるかといった実務的な連絡事項というものも存在します。

そうした、遺言書では表せない法的なこと以外の最後のメッセージを綴るのがこの「エンディングノート」なのです。

ちなみに、当事務所が製作しているこのエンディングノートの内容を本書の最後で特別に公開していますので、ぜひ、自分ならどのようなメッセージを書き込むだろうか？　ということを考えてみてください。シンプルな内容ですが、実に多くの事柄について残すべきメッセージがあることに気づくと思います。


このエンディングノートですが、震災の前には1週間に1～2冊お申込みをいただくという程度のものでしたが、震災から1週間が経過し、世の中が少し落ち着きを取り戻した途端に事務所の電話が鳴り始め、このエンディングノートが1日に複数の方からお申込みをいただくようになったのです。なかにはお一人で何冊も購入される方もいらっしゃいます。

この時、ちょうど私は行政書士として「終活」というテーマで本格的に活動を始めたところでした。

「終活」とは、人生の終わりに向けて前向きに準備を進めるその活動のことです。すぐに思い浮かぶのは、遺言書の作成ですが、それだけではなく終末期医療に対する自身の意思表明や介護施設の選択、心身の自由が失われた際の対処、年金・保険の見直し、そして、死後の葬儀や墓の問題まで、人の「死」の前後には実にさまざまな諸問題があります。そうした問題に対して判断能力の高いうちにきちんと始末をつけていこうとする試み全般を「終活」と呼ぶことができます。

私が行政書士という資格で実務的に関われることは「遺言書作成」「尊厳死の宣言書の作成」「成年後見制度の契約書作成・後見人への就任」などですが、私は単にそうした書類作成のお手伝いをするだけでなく、「前向きに人生の最期を見つめて準備を進めよう」という考え方でさまざまな情報発信を始めていたところだったのです。

しかし、今度の震災で世の中はしばらくそれどころではなく、この活動も事実上の開店休業状態を余儀なくされる――それも仕方ないことだな、などと覚悟していた矢先にエンディングノートの申込みが急増したのです。

今回の震災を機に、多くの方がまさに「死」というものを改めて身近なものとして捉え、誰の身にも必ず訪れるものなのだと実感し、終活についてより一層、真剣に考えるようになったようなのです。

これを執筆している現在は、既にあの地震から1カ月以上経過していますが、先ほどもまたエンディングノートをお申込みされる電話がきました。

聞けば、九州の方で若い女性です。

お若い方が珍しいなと思い、「差し支えなければエンディングノートにご興味を持たれた訳を教えていただけますか？」と、聞いてみました。

すると、実は宮城県に住んでいるお父様のために購入されるとのことでした。

幸い、お父様はご無事でしたが、家などはすべて流されてしまい避難所生活をされているそうです。娘さんは九州に避難することをすすめているそうですが、やはり長く住み続けた土地を離れる気にはなれないとのこと。

しかし、今回のことでやはり自分もいつどうなるかはわからないと実感し、万一の時のために何か書き残せるものはないだろうかと娘さんに相談したそうなのです。それで娘さんがインターネットでそうした類のものを探していて、うちのエンディングノートが目に留まり、早速電話をしてくださったというわけでした。

今回の震災は本当に悲しく、私も実際にボランティアをするために出向いた避難所の様子、そしてテレビ等での報道を目にするたびに、涙が込み上げてくるのを抑えきれないことがしばしばありました。

それでも、私たちはこれからも強く生きていかなければなりません。

しかし、その一方で人間の命の儚さや、必ず誰にも訪れる最期のことを考えなければいけないということも教えられました。

◉私に「終活」を意識させた父の病気と死

さて、せっかくのご縁ですので少しだけ私自身の話をさせてください。

前述の通り、私はこのたびの震災前からエンディングノートというものを製作し、「終活」というテーマで行政書士として活動をしてまいりました。

私は40代ですから、まだそれほど「最期」ということを強く意識する年齢でもありません。しかし、なぜに「終活」ということをテーマに仕事をしているのかといえば、3

年ほど前に亡くなった父親の病気が大きなきっかけなのです。

私の手元に1冊のノートが遺されています。

父親は「シャイ・ドレーガー症候群」という難病で亡くなりました。

100万人に3人といわれる珍しい病気なのですが、簡単に説明してしまいますと、徐々に身体が動かなくなっていく病気です。何年か前に沢尻エリカさん主演で『1リットルの涙』というドラマが放送され話題になりました。

その主人公の病気が脊髄小脳変性症というものであり、私の父が患ったシャイ・ドレーガー症候群もその病型の一種です。

最初は、つまずいて倒れることが多くなるといったところから始まり、少しずつ言葉が発せなくなる。オシッコが膀胱に溜まっていながらもうまく出せなくなり苦しむ。

やがて、手足が動かなくなってきて車椅子生活を余儀なくされる。

無意識に涎が垂れる……声が出せなくなっていく……。

次ページのノートは、父がこの病気の終末期に病床で私の妻と筆談をするような形で書きつけたものです。もはや判読困難ではありますが、末尾の1行は、

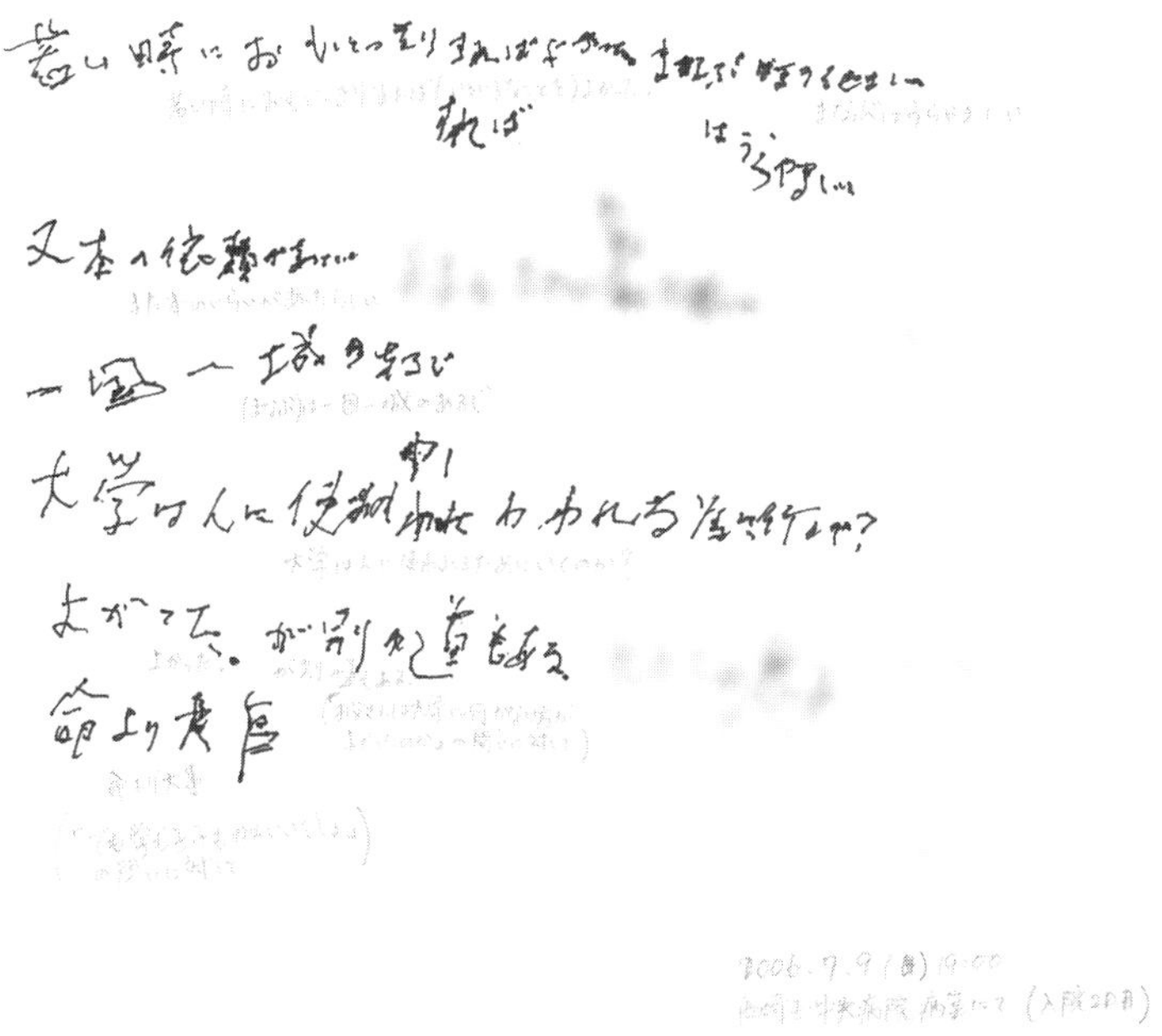

私の父の筆談ノート（実物）

「命より大事」

と、書かれています。

これは、私の妻が「子供たち（私を含む）はかわいいでしょ？」と、問うた際に力を振り絞って書いてくれた文字です。

その他、「大学は人に使われるために行くところか？」「（行って）よかった。でも違う道もある」などというようなことが書かれてもいます。

これはまさに「エンディングノート」です。

この病気で私がいちばん残酷だなと思ったのは、こうして身体機能がゆっくり失われてゆくのとは対照的に、頭は全くクリアなままである——という部分です。

父は理系の技術者で、何事も論理的に考える人で、きっと自分の頭脳には相応の自信を持っていたはずです。

こんなことを言うのは現在闘病中の方に大変失礼ではありますが、頭脳も病状に合わせて少しずつ衰えていって最後には判断能力もなくなっていくのであれば、そのほうが本人にとっては気楽なような気がして、私は当時、そうなることを願っていた部分もありました。

しかし、現実にはプライドの高い父が排泄も人の力を借りざるを得ず、気づけば涎が垂れているという状態で頭脳だけは明晰なまま終末期を迎えました。

いったい、終末期の父はどのような想いで過ごしていたのか？　と、今でも気になって仕方ありません。

「人間、最後は人に迷惑をかけて、恥ずかしい姿もさらしながら生きるものだ」

――そんな悟りでも開けたのでしょうか？　そういう気持ちになって、図々しく介護を受け続けてくれていたのだとしたら、私の気持ちも少し救われるのですが……。

余命は一般的に発症から7～10年といわれています。

実際、父もその通りの経過となりました。

最後の3年間は正直、身体機能が失われつつも頭脳が明晰なままでいる父を直視するのがつらく、私は逃げ腰になっていた時期もありました。

そんな闘病を続ける最中、父は急に呼吸不全を起こし心臓が停止しました。

先に病院に駆けつけた妻から電話がありました。

「パパ（私のこと）が駆けつけるまで、心臓マッサージを続けておくこともできるそうだけど、どうする?」

聞けば、それによって蘇生することはもうない。ただ、私が駆けつけるまで「生きている状態」を一応維持できるという話です。

数秒間考えた後、私は「いや、もうマッサージは止めてあげて」と、答えていました。なぜかはわかりませんが、父親の身体にこれ以上負荷をかけるのはいけないような気がしたのです。

私は火葬場で父親の骨を拾いながら突然に、「順番」という言葉が頭に浮かびました。自分の親が亡くなれば、当然に次は私の順番という当たり前の話です。

この時、初めて「人間って本当に死ぬんだな。そして、それは自分も同じこと」と、実感しました。その時の私の年齢がちょうど40歳に達した時でしたので、「人生の折り返し地点に来た」という実感もまた「人間本当に死ぬんだな」という感覚に拍車をかけたのかもしれません。

これが、私が「終活」をテーマにして行政書士として活動を行ない、こうした書籍を書かせていただくようになった大きな要因といえます。

◉自分のために生きてくれてこそ

今回の震災でも日本人の「人を思いやる気持ち」がクローズアップされて、全世界でもニュースとして報じられました。

自分自身が被災して大変な時でも秩序ある行動をとる（被災地では誰一人文句を言わず、水の配給を受けるために7〜8時間も並び、朝4時からお店の前に列を作って整然と待ち続けていました）。津波の到来する中、「早く逃げてください」という放送を必死に続け、自身が津波に呑まれて亡くなった若い女性もいました。

あの悲劇的な状況の中で、自分のことはさておき、他人のために行動した多くの名もなき人々が数多く存在していました。私は一人の日本人として、こうした「人を思いやる気持ち」を強く持つ自国を誇りに思います。

前述の私の父親も、身体機能がほとんど失われる中、できるだけ財産を減らさずに家族に残すために最後まで「あっちの施設のほうが安くていいのではないか？」と、判読困難な文字で訴え続けていて、私は涙をこらえながら苦笑するしかありませんでした。

被災地で避難所暮らしをされている父親のために「エンディングノート」を購入した娘さんの話を冒頭に書きましたが、そのお父様も、もしかしたら娘のところに世話になったら迷惑をかけるのではないかという想いがあるので、家も流された被災地で頑張っているのかもしれません。

そうした気持ちに触れるたびに感動せざるを得ませんが、その一方でもう少し「自分のために生きてください」という気持ちも私の中にはあります。

ただでさえ闘病生活を送ったり、身体機能が衰えてくる中で生活する老後というのは大変なものです。日本人の場合、いくら人に気遣うなと言っても無理そうですので、それはそれとして自分のこともっとかわいがってあげていただきたいのです。

あなたが幸せであることこそが、実はそれを見守る家族の最大の幸せでもあります。

特にこれからの時代、日本国は高度成長も望めず、少子化も避けられない。年金制度も破綻するかもしれない。それでいながら医療技術の発達で（いい部分ももちろんありながら）寿命は延び、「長生き」というものが思わぬリスクとなるかもしれない時代を迎えます。

このような状況下で、まずはあなたの老後の幸せを十分に確保して享受していただきたいのです。それこそが、老後を見守る側の家族のいちばんの望みなのですから。

これまでは残される家族のためにという意味合いで「生前準備」が語られることが多かったのですが、まず何より自分のために今後をきちんと計画していただきたいのです。

◉「家族のための生前準備」から「自分のための終活」へ

「自分のための終活」――これが本書の大きなテーマです。

「自分のための終活」を行なうためには最低限必要な知識というものがあります。たとえば、老後資金を考えるためには、その計算の仕方を知らなければなりません。

また、一生、健康でいられるのがいちばんですが、こればかりは自分の力だけではどうにもならない部分があります。

自分の身体が動かなくなった時に財産の管理はどうするのか？　認知症を発症し判断能力がなくなった時に、それでも自分の幸せが保たれるためには事前にどのようなことができるのか？　そういうこともぜひ、本書を読んで覚えていただきたいのです。

「いざ」「もしも」の時になってからでは遅すぎます。

頭脳も明晰な今のうちにこそ「終活」のための知識を身につけ、万全の手を打っておく。そうして幸せな老後を迎えられれば、それを見守る家族もこの上なく幸せでいられるのですから。


さて、それではまず1章で「老後資金」の計算の仕方から学んでいきましょう。

お金の問題は、できれば避けて通りたいという面もあるとは思いますが、まず初めにこれをやってしまうことで、落ち着いて終活全般に取り組むことができるというものです。

お金は足りなければ、それに合わせて支出をダウンサイジングすれば何とかなるものです。現実を見つめ対策を立て、お金の問題よりももっと崇高な精神面の終活にじっくり取り組んでいただきたいというのが私の願いです。

そのためにこそ、計算機を片手に用意していただき、いざページをめくっていただきましょう!

丸山　学

目次◎

最期まで自分らしく生きる
終活のすすめ

プロローグ……1

1章 「老後資金の計算」
——いったい、いくら必要なのか？

「長生き」こそが最大のリスク？……26
計算方法は意外に簡単……28
国民年金しかかけていない単身者の場合を基準に考える……30
基本モデルはこれだ！……33
厚生年金の場合には金額が異なってくる……45
夫婦の場合には収入もプラス、経費もプラス……49

自営業者の場合には60歳以上まで働くことを考える……53
老後には不意の出費もある……58
資金が足りない時の切り札は？……60
もし、老後資金が尽きたらどうなるのか？……62
子供に残す金額をコントロールする……65

2章 「介護」「老人ホーム」——老後の20年を快適に過ごす知恵

明日、あなたに訪れる介護問題……70
要介護状態になった時の「夢」を決めておく……73
介護する側は「頑張りすぎない」に尽きる……76
介護保険サービスを受けるには？……78
利用者の負担はどれくらい？……84

ややこしい「在宅サービス」と「施設サービス」の定義……87
有料老人ホーム・特養・グループホーム
——この違いがわからなければ老後を計画できない……91
各施設の入居にかかる費用はどれくらい？……100
有料老人ホームの「入居一時金」「初期償却率」「償却期間」を把握する……103
老後の20年を不快に過ごさないために……108

3章 「保険」「年金」
——今見直せば節約したお金を老後資金に回せる

自分の保険を「仕分け」する……112
「終身保険」と「定期保険」……115

低保険料のネット生保はどうなのか？……121
サラリーマンのいちばんの不安は
働けなくなること……126
老後資金に余裕がなければ
生前にもらえる保険金にしたい……129
「どうせ年金制度は破綻するから
払わない」は大失敗のもと！……131
こんな人が危ない！
年金漏れを防ぐのが最初の一歩……135
自営業者は法人化して
厚生年金に加入するのも一手……138
加入期間の満たし方……140
老齢年金はいくらもらえるの？……144
「長生きリスク」を消すには個人年金……149

4章

「財産管理」「成年後見制度」「尊厳死の宣言書」

——心身の自由が利かなくなっても自分らしく生きる

自分の心身をコントロールできなくなる日……156
財産管理は誰に任せるべきか？……160
「成年後見人」って何をしてくれる人？……164
法定後見と任意後見の違いは？……167
任意後見契約ではどんなことを決めておくのか？……173
尊厳死は本人の問題だけではない……175
本当に尊厳死を望みますか？……180
尊厳死の宣言書の書き方……182

5章

「遺言書」「エンディングノート」——正しく作れば死後の評価も上々！

最後の「自分始末」……190
「ありがとう」の一言はすべての傷を癒す……194
遺言書でできること……196
自筆証書遺言を作る際の注意点……200
特定の人に財産を多く残したい場合……203
「付言事項」を書こう……210
法律以外のことも書けるラストメッセージ……215
負債の情報はしっかりと記入しておく……217
葬儀・お墓の希望も明確に……220
「終活」は意外に忙しい……224

巻末付録　エンディングノート……225

カバーイラスト　篠原かおり
カバーデザイン／本文デザイン・DTP　高橋明香（おかっぱ製作所）

1
章

「老後資金の計算」
いったい、
いくら必要なのか？

「長生き」こそが最大のリスク？

実に嫌な話ではありますが、本当に「長生き」こそが最大のリスクといえる時代になりました。

年齢を重ねれば重ねるほど、身体の自由が効かなくなったり、認知症を発症する確率が高まるのは避けようがありません。そして、そうした心身の機能が衰えることにより医療費、介護費が増加、後述する成年後見人の費用なども発生してきます。

それでも年金などの社会保障が従来通りに充実していればまだいいのですが、もうご存じの通り、年金は支給開始年齢の引き上げ、支給金額の引き下げなど、どう考えてもマイナスの方向にしか進みそうもありません。

もらえる年金額がよほど多い人、貯えている資産が多い人などは別として、もはや普通の人は**「平均寿命までは生きても何とかなるかもしれないが、万一90歳以上まで生きたら資金繰りがつかない！」**なんていうことを言わなければならない恐ろしい時代が現実のものになりつつあります。

しかし、慌てる必要はありません。

事態は日本国民、皆同じです。国の財政が悪くなる時は皆、その影響を受けることになるのです。思えば、明治維新の時も、第二次大戦後も一部の富裕層を除きほとんどの国民は貧困にあえいでいたわけです。自分だけが大変なのではやりきれませんが、そういうことではありません。

大事なのは、**「足るを知る」**という昔ながらの言葉です。

国の、そして各人の経済状態に合わせて出費をしていけば破綻はしません。

しかし、経済成長の時代の幻想のまま自分の預金額、年金額のキャパを超えた生活を続ければ「老後の資金破綻」という最悪の事態を招きます。

実は、長生きがリスクなのではなく、老後資金の計算方法を知らずに身の丈を超えた生活設計をしてしまうことこそが本当に危険な行為なのです。ですから、本章でぜひ、老後資金の計算方法を身につけていただきたいのです。

計算方法は意外に簡単

「老後資金はいくら必要か?」という問題については、誰にとっても必須な情報でありながら、どんな専門家の意見を聞いたり読んだりしても、今ひとつよくわからない——というのが実情です。雑誌などのそうした記事を読んでみても、結局は「個々の状況によって必要資金は異なる」などと結論されていて何だかモヤモヤしたままです。

また、「老後は5000万円必要」などと具体的金額が書かれていても、それが本当に自分のケースに合う話なのか疑問が残ります。

このように、どうもスッキリしないわけですが、それもある意味では仕方ない部分でもあります。

確かに各人の置かれた状況（単身なのか夫婦なのか? 国民年金なのか厚生年金なのか? 老後にどれくらいの生活レベルを求めるのか?……等）は全く異なるわけですから、「老後には○千万円あれば大丈夫」と、一律には示せないのも当然です。

しかし、それでは終活における根本問題である「お金」のことが置き去りになってしまい、いくらいろいろな準備を進めても結局は絵に描いた餅にすぎず、安心・充実の老後は送れないことになります。

では、どうすればいいのでしょうか？

答えは簡単で、**「自分で老後の必要資金を算定できるようになる」**ことです。

しかも重要なのが、その計算をそれほど難しくなくできるようにするということです。社会保険労務士やＦＰ（ファイナンシャルプランナー）の資格が取得できるほどの知識を要するのであれば、とても自分で算定する気になどなれませんし、現実的な話でもありません。

かといって、そうした専門家に依頼して自分の老後資金を算定してもらっても、その算定方法が理解されていなければ少し事情が変わってしまっただけでもう「やっぱり、いくら必要なのかわからない」という状況に陥ってしまいます。

そこで、本書では本当に簡単に自分の老後資金を算定する方法をこれからお教えいたします。これを読み進めれば、あと20分後には「なんだ、そんな簡単なことか！」と、ご理解いただけると思います。

国民年金しかかけていない単身者の場合を基準に考える

やっかいな問題に取り組む際には、その問題をできるだけシンプルに分解して理解する。その上で個別の事情といった要素を足し引きして個別解を出せるようにしてしまうことが肝心です。

では、老後の必要資金をシンプルに考えるにはどうすればいいのでしょうか?

話は簡単です。次の2点でまずは物事を考えればいいのです。

①国民年金だけに加入している単身者を基準とする
②平均寿命まで生きる場合と、プラス10歳まで生きた場合とで考える

これだけです。

もちろん、これを読まれている読者の方は「私は長年会社勤めで厚生年金だ」「うち

厚生年金に加入しているということは
国民年金にも加入しているということ

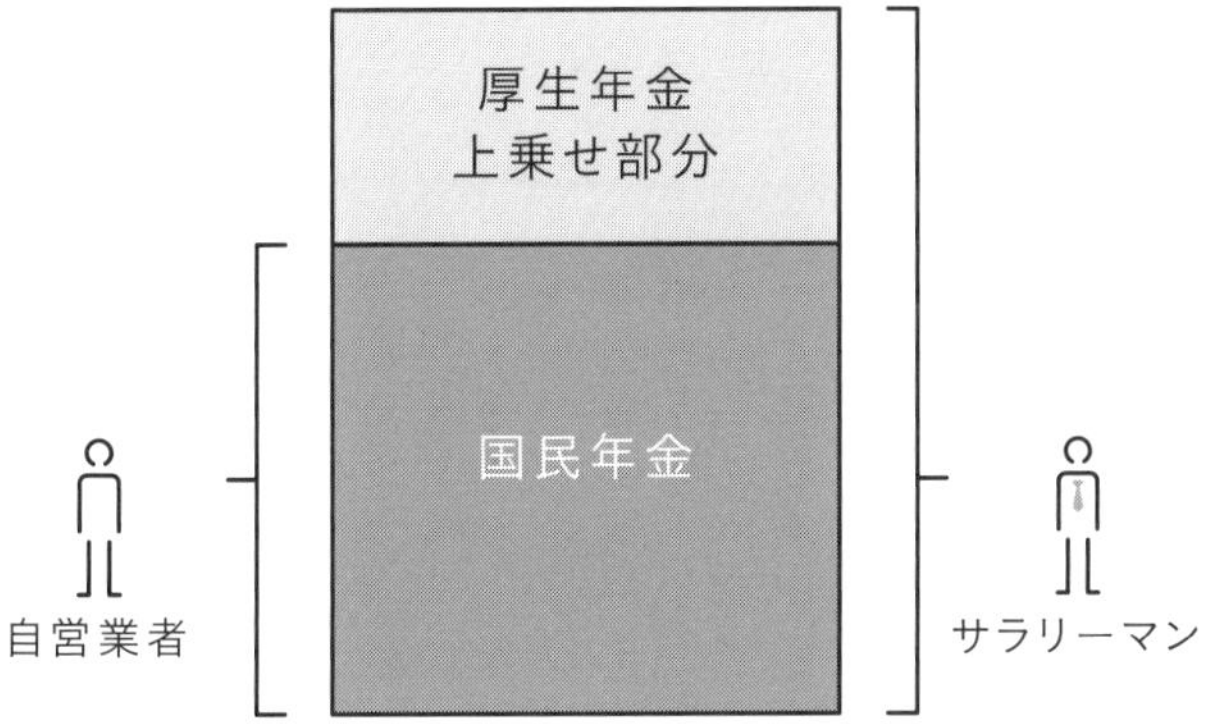

は代々長生きの家系だから100歳まで生きた時のことが心配だ」などと個別の事情があるはずです。

しかし、厚生年金（主にサラリーマンが加入している公的年金）というのは、ご存じの通り、国民年金（自営業者などが加入する公的年金）を兼ねています。

つまり、毎月厚生年金を天引きで払い続けているサラリーマンの方は自然に自営業者が加入する国民年金にも加入しているということです。

厚生年金加入者は、国民年金に加入している上に、さらに厚生年金にも加入しているわけですから、国民年金に入っているだけの人よりも年金を多くもらえることになります。

　ということは、まず国民年金だけの人の老後資金モデルが理解できていれば、自分は「さらに毎月○万円多くもらえる」という固有の事情を足して考えればよいだけの話になります。

　逆に国民年金だけに加入している場合でも「私は未納期間があるから、年金受給額も通常より○千円ほど低くなる」という方であれば、これからご説明する国民年金だけの人の老後資金モデルから固有の事情を引いて考えればよいだけです。

　これが、基本を理解した上で、個別の事情で「足し」「引き」すれば個人解が出るということです。

基本モデルはこれだ！

さて早速、その国民年金だけに加入している単身者のモデルを見ていきます。

老後資金を考える際に意識すべき年齢というのが4つあります。

それは、**「60歳」「65歳」「80歳」「90歳」**です。

なぜこの4つの年齢がポイントなのかといえば、次のような事情によるのです。

サラリーマンであれば60歳定年の会社が多いですし、自営業でも60歳くらいでリタイヤできれば理想的です。ですので、とりあえずは60歳で給与あるいは事業収入は途絶えると考えましょう。

そして、（例外はあるものの）基本的に年金受給がスタートするのが65歳です。

ということは、60歳から65歳まで5年間が、無収入でありながら日々の生活費という出費があるというつらい期間になるわけです。

この5年間は、60歳の仕事リタイヤ時点での預金を使って乗り切っていくしかありま

老後資金の計算は4つの年齢がポイント

60歳	仕事をリタイヤする年齢（給与、事業収入がここでなくなる）
65歳	年金の受給がスタートする年齢
80歳	男女ともにこの辺りが平均寿命
90歳	平均寿命よりも10年ほど長生きしてしまうリスクを考えて

せん。

ということは、まず重要になるのが60歳時点でいくらの預金（もちろん株式等の金融商品でも構いません）があるかということです。

次のページの**「老後資金のカンタン計算表」**をご覧ください。

この表の考え方さえ理解してしまえば、誰でもその時々の個々の状況に合わせて老後資金がカンタンに計算できてしまうというものです。

習うより慣れろで、実際に表に数字を埋めていってみましょう。

老後資金のカンタン計算表

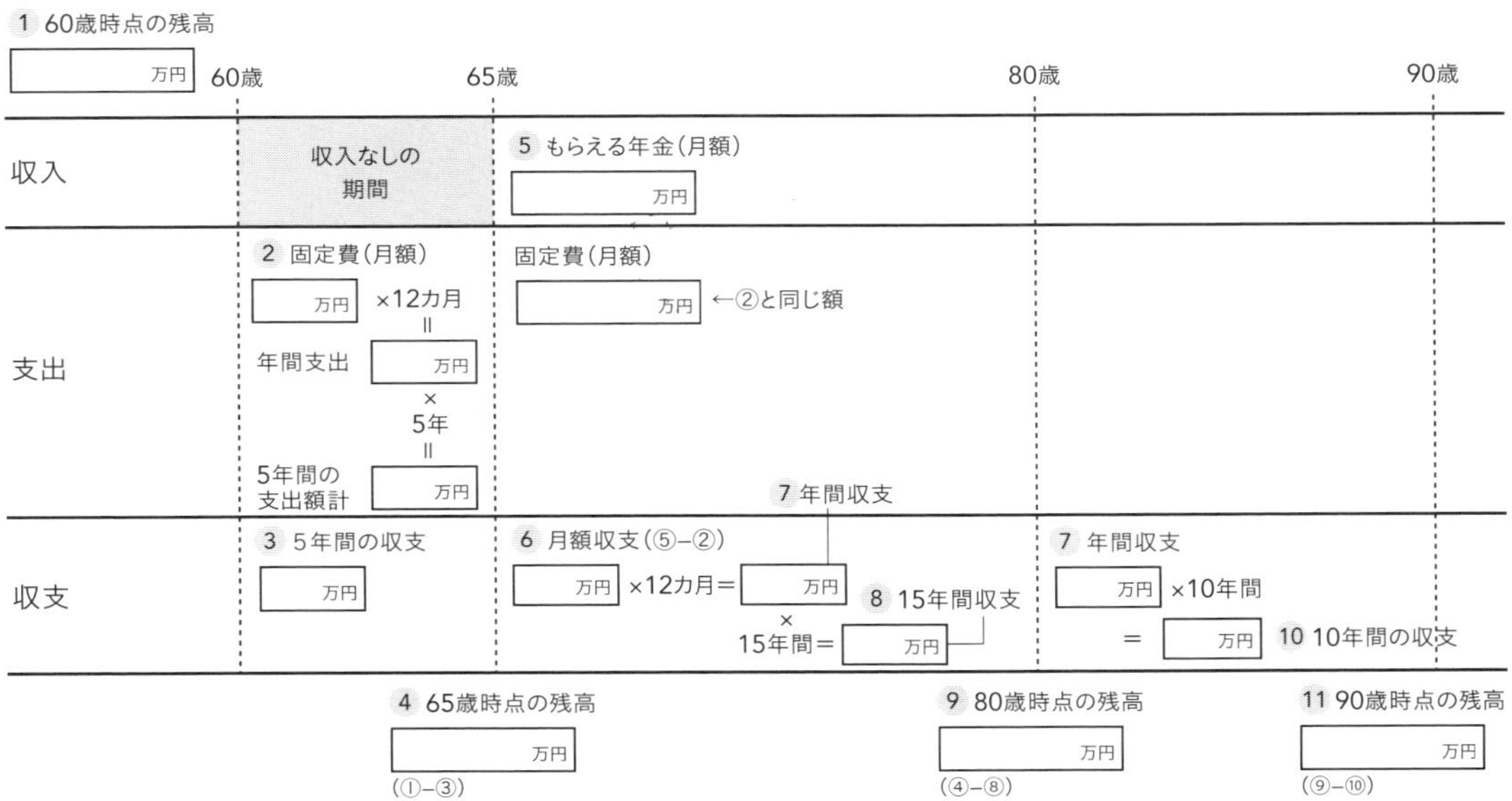
1 60歳時点の残高
万円
60歳
65歳
80歳
90歳
収入
収入なしの期間
5 もらえる年金(月額)
万円
支出
2 固定費(月額)
万円
×12カ月
=
年間支出
万円
×
5年
=
5年間の支出額計
万円
固定費(月額)
万円
←②と同じ額
収支
3 5年間の収支
万円
6 月額収支(⑤−②)
万円
×12カ月=
万円
7 年間収支
×
15年間=
万円
8 15年間収支
7 年間収支
万円
×10年間
=
万円
10 10年間の収支
4 65歳時点の残高
万円
(①−③)
9 80歳時点の残高
万円
(④−⑧)
11 90歳時点の残高
万円
(⑨−⑩)

ここでは、60歳時点で5000万円の預金があるとして①に書き込みます。

さて、次に考えるべきは60歳以降に自分は毎月いくらの固定費（食費、交際費、家賃や住宅ローン返済など）が必要か？　ということです。これは言うまでもなく個人差があります。

固定費といっても趣味や旅行などのお金も含みますので、「どうしても月30万円のお金は使いたい」「自分は質素に暮らせれば結構なので月20万円で十分」などさまざまでしょう。

一応の目安として夫婦二人の老後で**月額25万円**（総務庁：平成11年全国消費実態調査）という数字が出ています。趣味や旅行、お付き合いを充実させた余裕のある暮らしをしたければ**月額38万円**（生命保険文化センター：生活保障に関する調査　平成16年）といわれています。

本事例では単身者という想定ですし、年金額が少ない国民年金ということもありますので、少なめに見積もって、毎月の固定費を20万円として②に書き込んでみます。

毎月20万円の固定費がかかるということは、1年間は12カ月ですので、12を掛けて年

65歳時点での残高

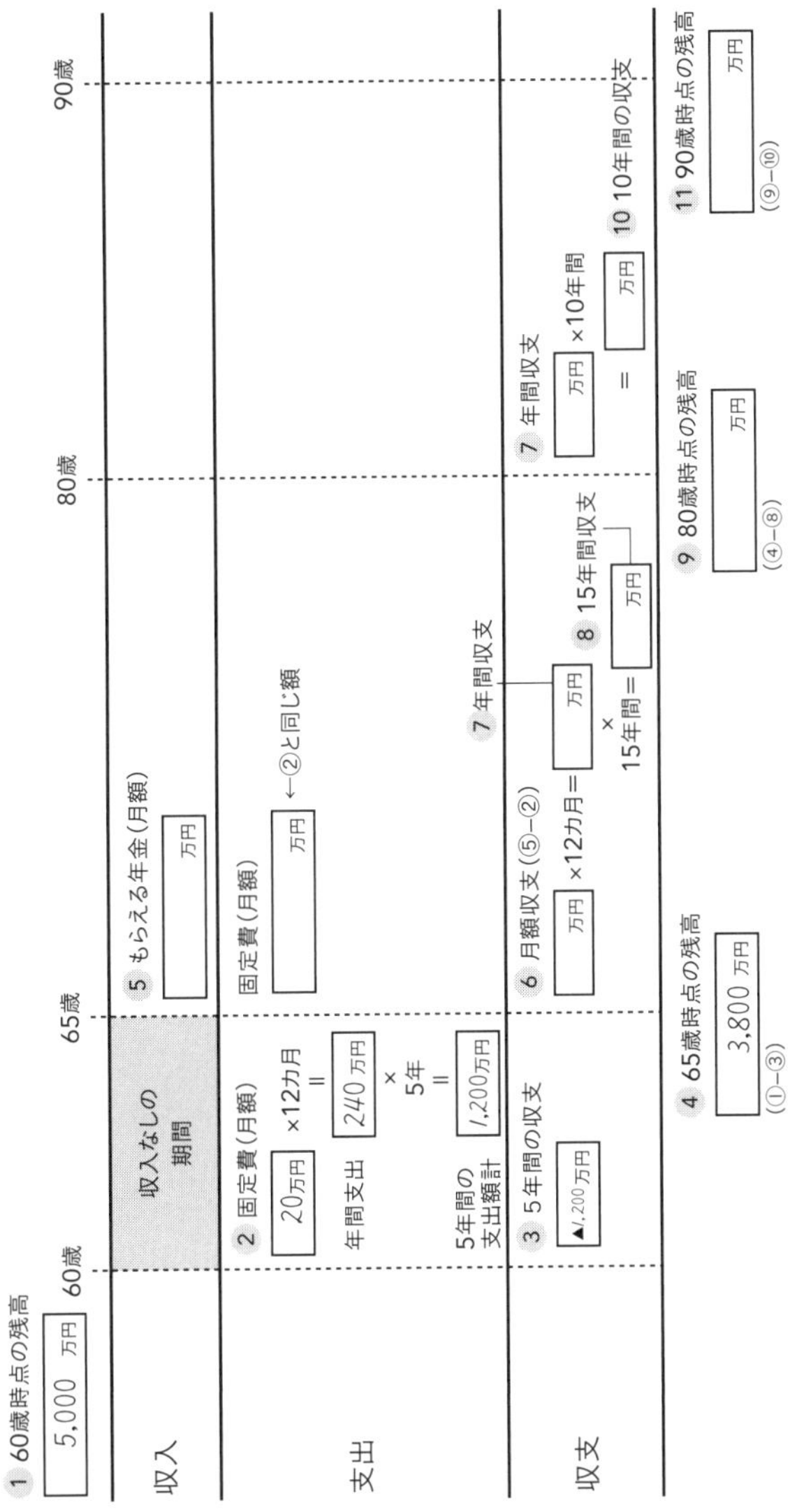
1 60歳時点の残高
5,000 万円
60歳
65歳
80歳
90歳
収入
収入なしの期間
5 もらえる年金（月額）
万円
支出
2 固定費（月額）
20万円
×12カ月
=
年間支出
240万円
×
5年
=
5年間の支出額計
1,200万円
固定費（月額）
万円
←②と同じ額
収支
3 5年間の収支
▲1,200万円
6 月額収支（⑤−②）
万円
×12カ月=
万円
7 年間収支
×
15年間=
万円
8 15年間収支
7 年間収支
万円
×10年間
=
万円
10 10年間の収支
4 65歳時点の残高
3,800 万円
（①−③）
9 80歳時点の残高
万円
（④−⑧）
11 90歳時点の残高
万円
（⑨−⑩）

間240万円の出費ということになります。

そして、年金受給開始までの5年間はひたすらこの出費のみが続きます。

ですので、年間240万円の固定費に5（年）を掛けます。

240（万円）×5（年）＝1200（万円）ですから、60歳から65歳までの期間に1200万円が支出されます。この数字が③に入ります。

60歳時点での手持ち預金が5000万円でしたから、この③（1200万円）の金額を差し引き、65歳時点では残高は3800万円ということになります。それが④の数字というわけです。

ここまで書き込んだものが、37ページの表です。

当たり前の話ですが、ここで数字がマイナスになってしまうとマズイことになります。この**無収入の5年間を乗り切るための預金**を持っていないと破綻してしまいます（年金を前倒しで受給することも可能ですが、その分受給額が低くなってしまい、結局将来的に破綻することになります）。

ですから、ここでマイナスになってしまう方は今から生活費を切り詰める等の改善をしておく必要があるといえます。

さて、65歳まで到達するとようやく年金の受給が始まります。

5年ぶりに「収入」が発生することになります。

国民年金の受給額は満額で**6万6000円（月）**程度です。しかし、実際にはここから介護保険料など引かれますので、手取り額として、ここでは5万円としました。その数字を⑤に書き込みます（ちなみに、厚生年金の平均的な受給額は月額17万円程度です。サラリーマンだった方はこの数字を基本的に考えるとよいでしょう）。

一方、月々かかる出費（固定費）は65歳以降も変わらず20万円と考えます（②に書き込んだ数字と同じということです）。

となると、月当たりの収支はマイナス15万円ということになります。⑥にその▲15万円を書き込みます。

これが**延々と死ぬまで続いていく**ということです。

毎月の年金受給額が出費を上回る人は当然のことながら、もう安心ということができます。なぜなら、公的年金は生きている限りもらい続けることができますので、その額が毎月の出費を上回る額であれば、残高は増えていく一方になるからです。

問題なのは、毎月の収支（⑥）がマイナスになる方です。事例では毎月の収支がマイナス15万円ですから、年間では１８０万円のマイナスになります（⑦）。

65歳の次のポイントとなる年齢は80歳です。

これは男女ともに平均寿命に近い年齢ということで、少なくともここまでは生きているという前提で物事を考える必要があります。

65歳から80歳までの間は実に15年という長い期間です。

ということは、事例では年間１８０万円のマイナスですから、15年間で収支はマイナス２７００万円ということになります（▲１８０万円×15年＝▲２７００万円）。それが⑧の数字です。

65歳時点での預金残高は３８００万円でしたが、その後の15年間でマイナス２７００万円が計上されて80歳時点では預金残高は１１００万円ということになります（その数字が⑨になります）。

ここまで書き込んだものが、次の図です。

80歳時点での残高

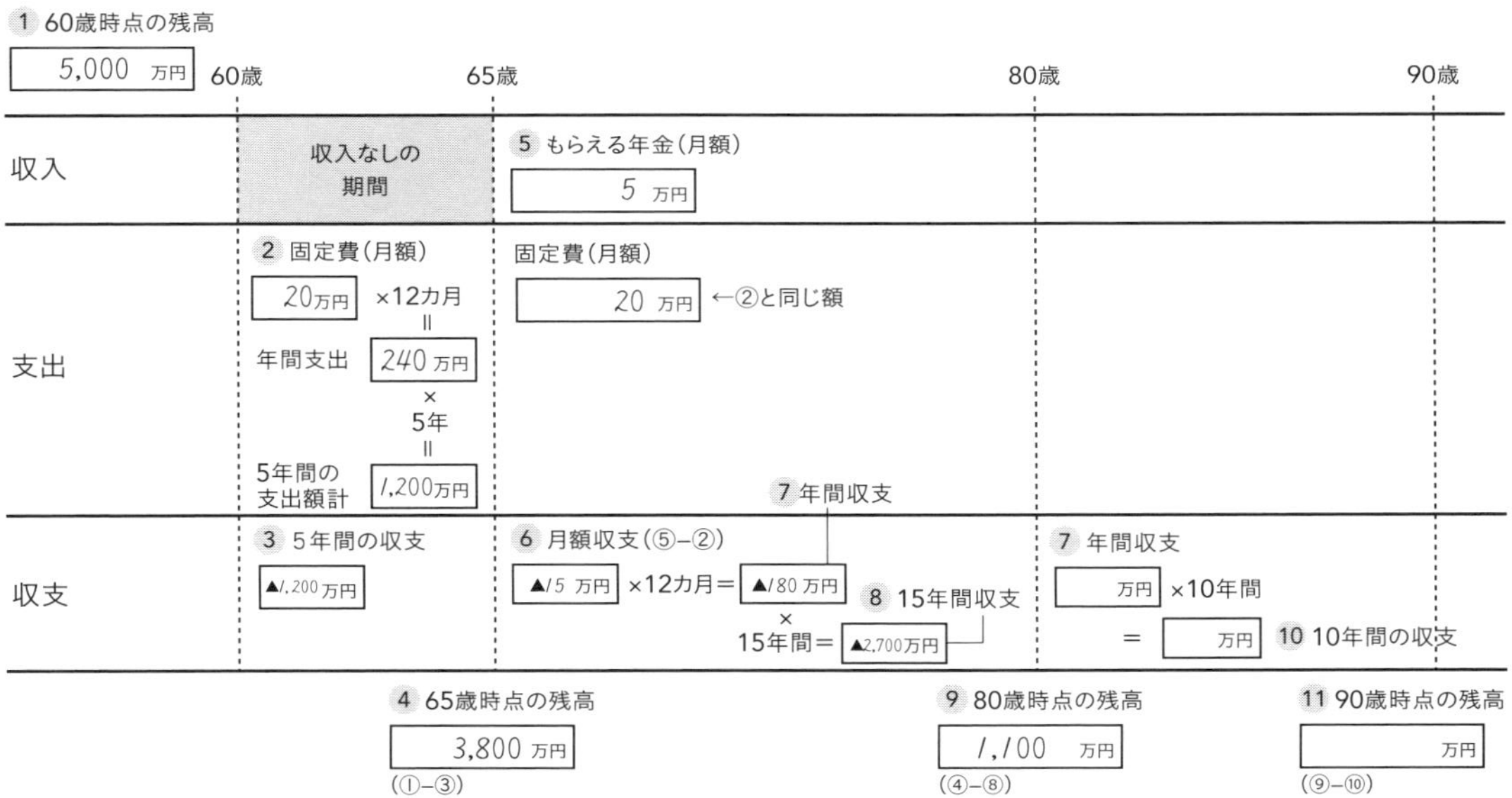
1 60歳時点の残高
5,000 万円
60歳
65歳
80歳
90歳
収入
収入なしの期間
5 もらえる年金(月額)
5 万円
支出
2 固定費(月額)
20万円 ×12カ月
=
年間支出 240 万円
×
5年
=
5年間の支出額計 1,200万円
固定費(月額)
20 万円 ←②と同じ額
収支
3 5年間の収支
▲1,200 万円
6 月額収支(⑤−②)
▲15 万円 ×12カ月= ▲180 万円
7 年間収支
×
15年間= ▲2,700万円
8 15年間収支
7 年間収支
万円 ×10年間
= 万円
10 10年間の収支
4 65歳時点の残高
3,800 万円
(①−③)
9 80歳時点の残高
1,100 万円
(④−⑧)
11 90歳時点の残高
万円
(⑨−⑩)

何とか平均寿命まではお金が持ちました。

しかし、これからの時代は**「長生きリスク」**を十分に考える必要があります。長生きは喜ばしい反面、経済的なことを考えると結構恐ろしい現実にも直面するのです。80歳を過ぎたところでお金が尽きる状態というのは、想像もしたくない話です。しかし、少なくとも90歳まで生きることは想定しておくべきでしょう。

さて、この事例では月々の収支はマイナス15万円（年間でマイナス180万円）ですから、それがあと10年続くとします（90歳まで）。年間収支のマイナス180万円は⑦の通りですから、それに10（年）を掛けます。すると、10年間でマイナス1800万円ですから、マイナス1800万円ということになります（⑩）。

80歳時点の預金残高は1100万円でしたから、その後の10年で1800万円のマイナスですと、90歳時点での残高（⑪）はマイナス700万円ということになります。

ここまで書き込んだものが、次ページの図となります。

つまり、60歳時点での預金残高が5000万円では、この事例の人は90歳までは残念ながらお金が持たないということがわかります。

80歳時点での残高

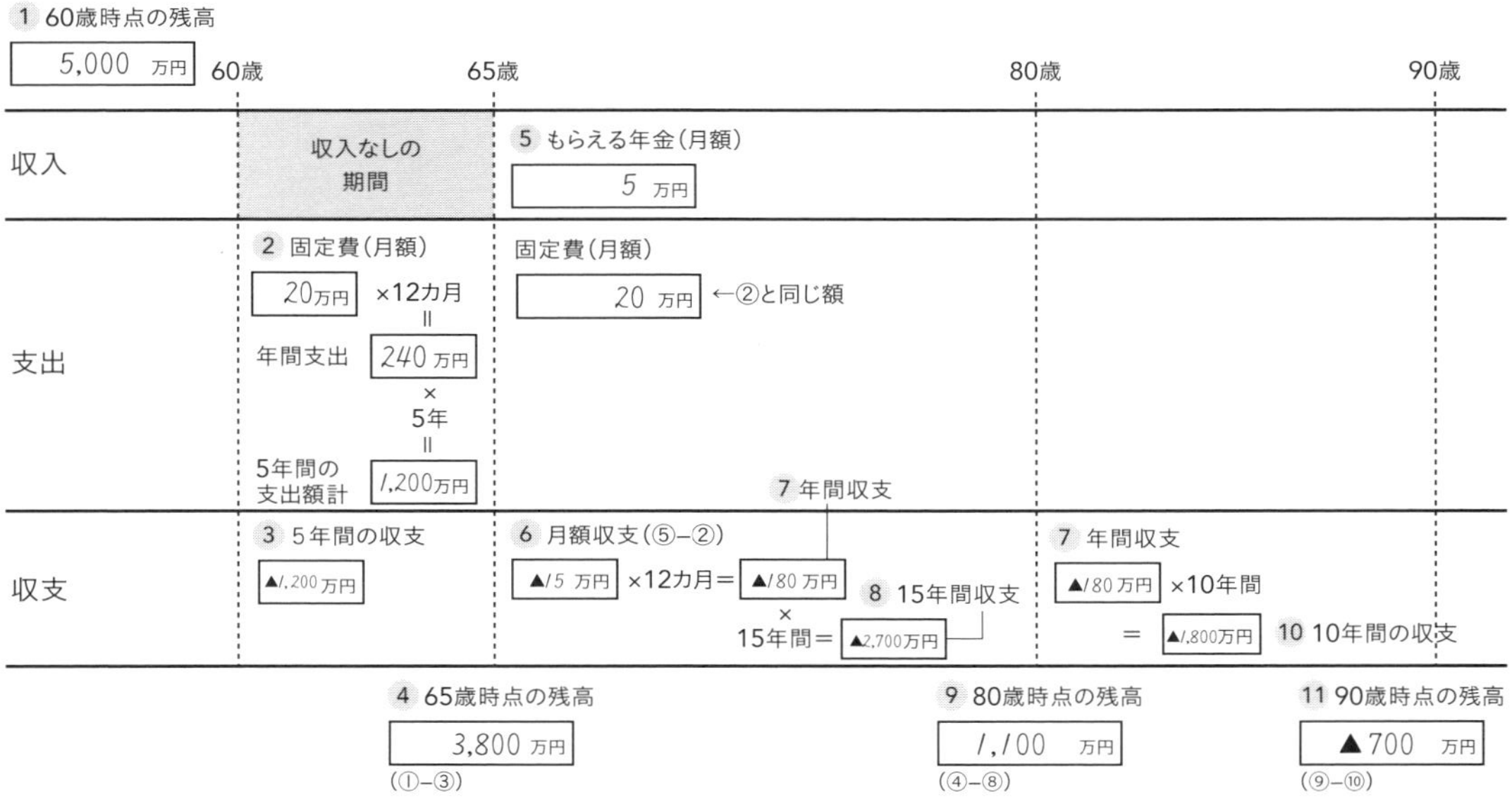
1 60歳時点の残高
5,000 万円
60歳
65歳
80歳
90歳
収入
収入なしの期間
5 もらえる年金（月額）
5 万円
支出
2 固定費（月額）
20万円 ×12カ月
＝
年間支出 240万円
×
5年
＝
5年間の支出額計 1,200万円
固定費（月額）
20 万円 ←②と同じ額
収支
3 5年間の収支
▲1,200万円
6 月額収支（⑤−②）
▲15 万円 ×12カ月＝ ▲180 万円
7 年間収支
×
15年間＝ ▲2,700万円
8 15年間収支
7 年間収支
▲180 万円 ×10年間
＝ ▲1,800万円
10 10年間の収支
4 65歳時点の残高
3,800 万円
（①−③）
9 80歳時点の残高
1,100 万円
（④−⑧）
11 90歳時点の残高
▲700 万円
（⑨−⑩）

しかし、90歳時点でマイナス7００万円になるのですから、逆算すれば60歳時点での預金残高が57００万円あれば、90歳までお金は持つのだという考え方もできます。

もしくは、この表を使って90歳時点でマイナスにならないように老後の出費を切り詰めることを考える必要があります。少なくとも90歳まではお金が持つように、月々の出費はいくらまで許容されるのかということを考える必要があります。

さて、いかがでしたでしょうか？

こうしてシンプルに考えれば、老後資金の計算というのはそれほど難しくないと思えるのではないでしょうか？

あとは、ここに示したモデルにあなた固有の事情（60歳時点での残高、月々の出費額、年金受給額等）に置き換えれば簡単に「あなたの場合」の老後資金モデルができてしまうのです。

「計算するのが恐ろしい……」と思われる方もいるかもしれませんが、現実を見ておけば、それに合わせて出費を抑えるなどの計画が立てられます。**現実を見ずに無計画のまま、心身ともに衰える老後に突入していくほうがよほど恐ろしい**ことなのです。

厚生年金の場合には金額が異なってくる

さて、基本的な老後資金の考え方が理解できたら、次は自分の場合はどうなのか？　ということになります。

特にサラリーマンの場合には、基本的には厚生年金に加入していますから、正確に計算しようとすると非常に複雑で、よほど専門知識を持った方でなければきっちりとは計算しきれません。

もし、本当に正確に計算しようとするならば年金事務所に聞くか（ただし、40歳代以下はあまりに未確定な要素が多いため計算してもらえません）、有料でプロ（社会保険労務士、ＦＰ）にお願いするしかありません。

しかし、それでもまだ定年を迎えていない方はやはり正確な数字は出ません。

なぜかといえば、国民年金と違い、厚生年金の場合にはサラリーマン時代の給与が平均いくらであったかにより年金額が異なってくるためです（もちろん、加入期間によっても異なります）。さらに、生年月日によっても金額が異なります。

つまり、現在も現役である方は定年になるまでどのような額の給与（賞与も含めて）をもらうかが未確定なのですから、現時点で正確に年金額を計算することはプロでも不可能ということなのです。

特にこれからの10年の経済状況は不透明ですし、ましてや自分が勤める会社の衰亡などは知る由もないのが実情です。その中にいる一サラリーマンの給与の行方はもはや推測することすら困難と言わざるを得ません。

ですから、重要になってくるのが自身の年金額を1円単位まで正確に予測することではありません。

まずは大雑把に把握することが何より重要です。

先ほどらい申し上げているように、老後資金の計算方法を知っておくことこそが大事であり、それができていれば「当初考えていたよりも実際の年金額が月1万円減ってしまった（あるいは増えた）」となった場合に、再計算して支出はいくらまでに抑えなければならないのかがわかるようになります。

それこそが自分と家族を守る武器になります。

さて、そんな事情で厚生年金加入者の年金額については個別に異なるとしか言いようがありませんが、平均的なところで考えてみましょう。

【例】昭和35年生まれの男性、40年間勤務（厚生年金加入）、平均月収35万円
65歳以降にもらえる年金 → 約17万円

この辺りが厚生年金加入者の一般的なところではないでしょうか。

いくら大雑把にとはいえ、もう少し年齢や平均月収による変化を見ておきたいところだと思いますので、それは3章で確認していきましょう。

この計算によれば、この事例の人の年金給付月額は17万円です。

先に厚生年金加入者は同時に国民年金にも加入しているのだという話をしましたが（31ページ）、この17万円という数字にはその国民年金分（満額で6万6000円程度）も含んでいます。

ですから、この数字を老後資金のカンタン計算表の⑤「もらえる年金（月額）」に当てはめることになります。

しかし、実際には介護保険料等を引かれますので少なめに見積もり、17万円ではなく15万円で計算しておいたほうが無難といえます。

これにより、65歳以降の数字がいろいろと算出されてきます。

どうでしょう。無事に80歳、90歳まで資金は持ちそうでしょうか？

ただし、実際には昭和35年生まれの方ですと、63～64歳の間も部分年金という名で月額10万円程度がもらえます。

基本モデルでは60～65才の間は無収入という前提になっていますが、こうした部分年金がもらえる世代は、実はこの期間も完全なる無収入ではないわけです。

しかし、同じ厚生年金加入者（サラリーマン）であっても昭和36年4月2日以降生まれの方は部分年金は「ゼロ」になり、国民年金にだけ加入している人と同様に60～65歳の5年間は無収入となります。

夫婦の場合には収入もプラス、経費もプラス

さて、ここまでは単身者としていくら年金がもらえるのか？　という部分を見てまいりました。

これからの時代、未婚のまま一生を過ごすというケースも多くなってきていますが、実際には現在既婚の方のほうが多いですから、その場合もやはりプラスマイナスをしながら考えていく必要があります。

現実に多いケースは夫がサラリーマン、妻が専業主婦（あるいは、パートなどで扶養の範囲内の収入で独自には年金には加入していない）という形態でしょう。

こうしたサラリーマン（及び公務員）の妻は**「第3号被保険者」**と呼ばれ、自身では年金保険料を払っていませんが、保険料を払わずとも国民年金に加入していることになっています。おそらくは、この形態になっている夫婦が大半であろうと思います。

つまり、妻は国民年金加入者ですから、65歳以降はやはり「妻の年金」がもらえるの

です。

最近では夫婦でもお財布は独立採算制で、お互いの預金額も知らないということもあるようですが、こと老後資金については**夫婦合算で考えるべき**でしょう。

先ほど、昭和35年生まれ、40年間勤務（厚生年金加入）、平均月収35万円の男性で65歳以降の年金受給額を月額約17万円と見積もりました。そして、介護保険料等が引かれることを考えて、実質収入を月額15万円と見積もろうとも話しました。

ここに妻の国民年金受給額が入ります。

国民年金の場合は満額で月額6万6０００円程度ですが、実際には満額になるためには４８０カ月（40年間）の加入が必要です。そこに満たない人も多いでしょうし、やはり介護保険料等もかかりますから実質５万円で計算しておいたほうが無難です。

つまり、（夫婦同年齢と仮定して）夫の65歳以降の年金額15万円に妻の年金受給額の５万円を足すわけですから、夫婦合わせて収入の部は月20万円となり、これを計算表の⑤に書き入れることになります。

しかし、支出も夫婦となると単身者よりも多くなります。

毎月いくらの支出になるかは、その夫婦の価値観（贅沢に暮らしたいか？　旅行などを多く楽しみたいか？）や置かれた環境（住宅ローン返済が毎月いくら必要か？　賃貸であれば家賃がいくらか？）によって大きく異なります。

ですから、実際に現在かかっている毎月の支出をもとに計算する必要があります。**奥様に任せっきりでは、いつまで経っても老後資金の計算をすることはできない**ということですね。

ただし、前にも書きました通り、一応の目安として夫婦二人の老後で月額25万円、余裕のある暮らしをしたければ月額38万円という数字が出ていますので、これが目安となるでしょう。

単純に見て、夫婦合わせて年金収入が65歳以降に20万円。一般的な夫婦の老後支出が月25万円ということであれば、毎月のマイナス額は５万円ということになります。

毎月５万円の赤字ならば年間では60万円の赤字。

10年間にすると６００万円。25年間にすると１５００万円の赤字です。

もちろん、逆算すれば、65歳時点で１５００万円の預金残高があれば夫婦二人でさらに25年間（90歳まで）生きてもお金は持つという計算にはなります。

しかし、計算上はそれで合うのですが、いつ病気や介護で思わぬ出費が必要にならないとも限りません。

できれば、毎月のマイナス５万円という部分を頑張って「プラスマイナス０」にしたいところです。毎月の収支が「０」であれば、どこまで長生きしても理論上は資産が減りませんので安心といえます。


実際には、大手企業に長く勤めている方は、会社でも**厚生年金基金という形で独自に年金の上積みを作ってくれています**。毎月の手取り給料とはなっていませんが、会社があなたに代わって長く年金をかけてくれているのです。こうした分があると夫婦二人で普通の生活をしていれば老後も月々の収支がマイナスにはなりません。

日本の高度成長期を支えた世代には、こうした恩恵がありますので、現在の若い世代から見たらうらやましい限りだと思います。

まずは、ご自身の勤めている会社の上積みの年金（厚生年金基金）の制度を知り、老後いつから、毎月いくらもらえるのかをチェックしておきたいところです。

自営業者の場合には60歳以上まで働くことを考える

さて、このように計算表を使って自身の老後資金を計算していくと、厳しい数字に直面して暗い気持ちになりがちなのが自営業者です。

何しろ、国民年金だけでは月々の実質的な受給額は5万円程度。サラリーマンなどの厚生年金加入者に比べると**10万円くらい少ない計算になります**。

私は仕事柄、自営業者の友人も多いので、「○○さんの必要な老後資金を計算してあげようか？」と、冗談でよく言うのですが、返ってくる反応は決まって、「聞きたくない。恐ろしいので言わないで」と、耳をふさぐというものです。

私も一経営者で、現在は事業を法人化していますので厚生年金加入者になっていますが、国民年金加入者（個人事業者）であった期間は長く、他人事ではありません。

老後資金の話になりますと、とたんにサラリーマン・公務員の方々がうらやましくなるものです。

しかし、よく見ていきますと、**年金制度においては厚生年金よりも国民年金加入者のほうが実態としては「お得」である**といえるのです。

国民年金の保険料は月額1万5000円程度です（平成23年度は1万5020円）。1万5000円を20歳から60歳までの40年間（480カ月）きっちり支払ったとして、その総額は720万円です。

一方、受給できる年金額は年額79万2100円（平成22年度価額）です。65歳から平均寿命に近い80歳まで受給するとなると15年間の受給ですから、もらえる総額は平均すると約1200万円にもなります（支払い720万円に対して）。

数字を見れば一目瞭然な通り、決して悪い取引ではありません。

厚生年金については納付する保険料のうち半額を会社が負担してくれる制度なので、一見は「お得」のようにも感じられます。

しかし、実際には会社負担分というのは本来、給与として支払われるべき金額であるとも考えられます。

企業はその経済活動の中で、収入と経費のバランスをさまざまな角度から考えて最適化します。当然に厚生年金の会社負担分も考慮して従業員の給与額を決定していきますから、会社負担分とは名ばかりで、企業側は本来支払うべき適正給与額から会社負担分を差し引いて給与額を決定しているのは当たり前の話です。まさか、企業が慈善活動として従業員の保険料を負担しているわけではありません。

「会社が半分負担してくれるから厚生年金のほうがお得」というフレーズは、もちろん**「そのように感じさせることが目的」**です。

ですから、厚生年金はいわゆる「自己負担分」だけで考えればパフォーマンスが悪くないとはいえ、「会社負担分」という心地よいフレーズのもと、実はそれも自己負担分なのだと考えると、国民年金よりも割がいいとはとても思えない取引になってきます。

もちろん、途中で自分が死んでしまった場合のリスクを考えると、遺族年金が充実している厚生年金のほうがいい場面も出てくるわけで、この辺りは見事に制度が複雑化されてどちらがお得かよくわからないようにされています。

しかし、普通に考えれば自営業者が加入している国民年金制度は決して不利ではありません。

ではなぜ、国民年金加入の自営業者の方が老後資金を考える段になると、途端に暗い気持ちになってしまうのでしょうか？

それは、一言で言ってしまえば、**「本来はサラリーマンよりも手取りが多くなるはずなのに、それを消費してしまうから」**ということです。

サラリーマンの場合、前述の通り本来の取り分も厚生年金の会社負担分という名目で天引きされてしまいますが、自営業者は誰も天引きしませんから手元に残ります。そして、国民年金の保険料は厚生年金に比べれば安いですから、サラリーマンに比べたら圧倒的に労働分に対して手残りがいいはずです。

そして、その残った分を本来であれば自分なりに運用して将来の年金の足しにする。あるいは自分で運用できなければ国民年金基金などを使って上積みする。もしくは民間の保険会社の個人年金に加入するなどしておけばよいのです。そうしておけば、実は厚生年金加入のサラリーマンよりも割のいい老後資金の運用ができるはずなのです。

しかし、自営業をやっていると、どうしても手元に残ったお金は消費されてしまう傾向にあります。これが、本来は利回りのいい国民年金制度に加入していながら老後のことを考えると暗くなってしまうという自営業者の不思議の種明かしです。

……と、エラそうに書いてみましたが、自分自身がその典型的な自営業者でしたから実感を込めて言えるわけです（笑）。

国民年金加入の自営業者は、これを機会にぜひ、お金に関する体質を変えてください。もちろん、商売をしているからには手元にあるお金を自分の事業にどんどん再投資していくことは大切です。ですから、すべての手残りを預金や運用に回せと言っているわけではありません。**毎月の手残りのうち数万円は、本来は年金基金や運用に回すお金であること**を自覚してそれを無駄な消費に充てないようにだけ肝に銘じるのです。

そのお金を事業に投資するなら、その分がさらなる利益として返ってきてゆくゆく老後資金になるので、それならそれでＯＫ。もし、事業への再投資をしないならば預金か運用に回して老後資金を充実させてください、ということです。

サラリーマンの方には少し実感しづらい話ですが、個人事業をやっている方であればご理解いただける話であろうと思います。

国民年金基金や個人年金に加入すれば65歳以降の年金受給額（計算表の⑤）は、５万円ではなくもっと高額になり、老後の資金繰りはだいぶ楽になるはずです。

老後には不意の出費もある

このように、個々の状況に応じて老後の収入額（＝年金受給額）は大きく異なってきます。一方の出費は、個人や夫婦の価値観によって大きく左右されるものの、夫婦であれば25～38万円の範囲内であるとお話しさせていただきました。

しかし、**若い時よりも何が起こるかわからないのが老後**であり、その状況により支出額も大きく変化してしまいます。

たとえば、夫婦のうちどちらか（あるいは双方）が介護が必要になる可能性は十分にあります。介護保険が使えるとはいえ、受けたサービスの1割は自己負担になります。また、在宅での介護が無理となれば介護施設に入居せざるを得ません。

介護施設もさまざまです。比較的良好なサービスを受けられ、かつあまり高額な入居費用がかからない「特別養護老人ホーム」（通称：特養）などもありますが、特養は3年待ちも当たり前の世界です。

結局、高額であっても民間の有料老人ホームに入居するというケースも多いのですが、民間の有料老人ホームの場合にはまず入居金として数百万円から1000万円程度かかるのが一般的です。そして、月々20～30万円の費用が別途かかります。

単身の場合には、自宅を処分してこうした老人ホームへ移れば、それまでかかっていた家賃を支払わなくて済むようになったり、自宅を売却してそのお金を老人ホームの入居金に充てられますので、なんとかやりくりできるかもしれません。

しかし、夫婦の一方がそのように施設への入居が必要になった場合は、自宅も今まで通り必要だし、それでいて介護施設への費用も必要になりますから、月々の支出が倍増したり、一時的に高額の出費が発生したりします。

次章で介護施設の費用などについてもお話しいたしますので、「いざ」という場合にはいくらの出費を覚悟しなければならないのか？　その目安を知っておきましょう。

また、身体は大丈夫でも、認知症になるなど判断能力がなくなる可能性も十分に考えられます。そうした**「もしも」についても覚悟・準備をしておかなければなりません。**

そのような状態になれば、誰かに成年後見人になってもらう必要も出てきます。その場合にもまた出費が必要となります（詳しくは4章で）。

資金が足りない時の切り札は？

すべての「いざという時」「もしもの時」まで想定することは不可能ですが、ここまで書いてきたことは十分に誰の身にも起こり得ることです。

しかし、繰り返しますが、大事なのは現時点ですべての場合を想定して、完璧な老後資金計画を立てることではありません。

重要なのは「老後資金のカンタン計算表」をもとに、老後資金の計算方法の基本を押さえておき、不足の事態が起きた時にもすぐに自分で大雑把に再計算できるようにしておくことです。

そして、元気な今のうちから（必要そうであれば）支出を切り詰めたり、老後資金が足りなくなりそうであれば60歳以後も働き口を見つけるための努力をしたり、年金の上積みを検討したりしておきましょう。

当面の想定される範囲内でそうした対策を立てたならば、きっともうあなたは**老後資**

金をコントロールできるよう力がついていますから安心です。

そこから先は「ケ・セラセラ」の気持ちで人生を楽しむことも大事です。あまり老後資金のことばかり深く考え込んで暗くなっていても本末転倒ですので。

しかし、老後資金を計算した結果、とても「ケ・セラセラ」という気分になれない。あまりにお金が足りないことが明白であると、嘆かれる方もいるかもしれません。

それでも、たとえば**「リバースモーゲージ」**なんていう切り札もあります。持ち家がある方の場合、いくら老後資金が足りなくなったからといっても住む家を売るわけにはいかないでしょう。

そんな場合には、その家を自分の死後に処分されることを条件に融資を受けることもできます。もちろん、愛着ある家が自分の死後になくなってしまうのは悲しいことですが、子供がいない。あるいは既に独立しているという場合には、そのような資金調達の方法もあるということです。

現役時代とは違い、通常老後は融資を受けづらいものですが、これであれば貸し手もリスクはありませんので、これからの時代には必要不可欠となる制度です。

もし、老後資金が尽きたらどうなるのか？

ところで、リバースモーゲージは使えない。あるいは、使ったところで老後資金が尽きそうだという方もいるかもしれません。

では、実際に老後生活の中で預貯金も底を尽き、年金だけではとても暮らせないという事態になったらいったいどうなるのでしょうか？

結論からいえば、日本は憲法において「必要最低限の文化的な生活」が保証されていて、具体的な施策としては「生活保護」という制度があります。

生活保護を受給できる要件などはさまざまに定められており、また受給できる場合もその額は一律ではありません。

しかし、ざくっと大まかな数字としては、**高齢者単身世帯で月額6～8万円程度**といえます（年金受給をしている場合は、その額分は減額されます）。

ですから、年金のかけ方が不十分だったりした場合でも月額6～8万円程度の収入は確保できるということにはなっています。

もちろん、法律で定められた制度ですし、実際、個々の状況で生活保護を受給することが妥当な人、世帯は存在します。それを受給することは全く恥ずべきことではありませんので、制度の主旨に照らして妥当な場合は申請をして生活を成り立たせるべきです。


しかし、昨今では実際に働ける状態にあるにもかかわらず、あえて就職活動はせずに年金受給をして、お金をもらったその足でギャンブル場に直行するという人も増えてきています。


また、一部の若者の間では「働いたら負け」というキーワードも使われています。実際、非正規雇用で安い単価で労働し、月給が12万円程度の場合であれば、全く労働せずにうまいこと生活保護を受給すれば13万円以上の手当てがもらえたりするのです。

1日中真面目に働いてもらえる給料よりも、労働せずにもらえる生活保護費のほうが高いのであれば「働いたら負け」という論理はある意味では正しいともいえるのです。

ここではそうした社会問題を論じはしませんが、要は適切に受給している人はよいとして、限りなく不正受給に近い形で一部の人に大切な税金が奪い取られている実情があるということです。年金制度も非常に維持が大変になっていますが、生活保護制度もかなり厳しい状況になっています。

ですから、近い将来に**生活保護の受給要件や支給金額が厳しくなることは十分に想定されます**。

現在であれば、いざという時は生活保護ということが当たり前に考えられますが、今後はそうはいかないかもしれないという覚悟も必要です。

そして、この生活保護という国にとって必要な制度を（本当に必要としている人のために）存続させるためにも、自身の老後資金を把握して「足るを知り」、身の丈に合った暮らしを今から心がけたり、可能であれば老後も働き口を見つけて収入を増やす努力をすることは必要です。それが、次の世代に対する自分自身の矜持ともいえるのではないでしょうか。

そのためにもやはり、自分の老後資金をきちんと把握する術を身につけておく必要があるのです。

子供に残す金額をコントロールする

一方で、老後資金を計算してみると、だいぶ余裕が出るという方もいらっしゃることでしょう。少なくとも、ご自身や配偶者にとっては一安心といえます。

そういう方が一つ考えるべきこととして**「では、子供にいくら残すべきか？」**という問題があります。

もちろん、親心としては「これからは不安定な時代だから、できるだけ多くの資産を残し相続させてやりたい」と思うのが心情です。

しかし、本書は冒頭でも書きました通り、「自分のための終活」を考える本です。

老後資金の計算方法をきちんとマスターすれば、「夫婦ともに平均寿命まで生きた場合には、子供には３０００万円程度の資産が残ることになるな」などと計算ができるようになります。

そこで、一つおすすめしたい考え方は、「何がなんでも子供に多くの資産を残す」ということではなく「一人1000万円ほど残せれば、まあ親の役目としては十分だろう」というように、ある一定の額を子供へ残す相続財産と決めて「あとは自分のために自由に使わせてもらおう」という割り切りをする考え方です。

残す額だけ決めてしまえば、あとは思いきって夫婦の旅行代や自分の趣味等にお金を振り分けて残りの人生を最大限に楽しむことが可能です。

また、自分が応援したい団体等に寄附するということも考えてよいと思います。たとえば、自らが患った難病を研究する団体や自分自身の理念に添う団体に寄附をしてその活動を支援すれば、自分が死してもその想いは他の人に託されるのです。

せっかくここまで築いてきた資産です。子供に多額の資産を残して甘やかすよりも、自分自身が生きてきた中で培った理念を実現させるために使うほうが、視野の広さを感じさせる生き方といえます。

つまり、老後資金の計算をきちんとできるようになる意義は二つあるのだと考えてください。

一つは自分（と、その配偶者）の生活が成り立つか否かを確認するという意味合い。
そして、もう一つが、余裕があることがわかった場合に子供に残すべき大体の額だけ決め、「自分が使ってもいい資金」を明らかにして、人生を最大限に楽しんだり、自身の理念を継承させるための寄附・投資等も考えるようにするという意味合いです。

余裕資金は、あなたに残された最後の「権限」です。それを単に自分の子供に1円でも多く残すという狭い料簡を離れて、自身が価値を見出すもののために使い切るというのも終活の大きなテーマだと思います。

ちなみに、私は自分の子供には現金や不動産を残すよりも「教育」の部分で先行投資をしてあげたいと考え、現在実践中です。

これからの時代、世の中の変化は非常に激しく予測もつきません。現金などインフレが来ればその価値は一瞬で半減してしまいます。

原発事故のようなことが起きれば、その瞬間から持っている土地の価格が二束三文になる可能性があることも身につまされて知りました。

つまり、形ある「財産」はどこか儚いものです。

それであれば、子供に「知識」「知恵」「体験」という無形の財産をインストールしてあげたいと思うのです。頭や身体に沁み込んだ財産は泥棒に奪われることもありません。住む国が変わっても生きていける力にもなるでしょう。

ですので、私は教育にお金をかける半面、相続財産はあまり残さない（残らない？）つもりでいます。

お金を相続させると相続税もかかりますが、「知識」「知恵」「体験」という無形資産には税金も課せられませんので、究極の節税対策ともいえそうです。

2 章

「介護」「老人ホーム」
老後の20年を快適に過ごす知恵

明日、あなたに訪れる介護問題

老後を生きる上で必ず出くわすのが、介護の問題です。

超高齢化した社会の中で、自分が要介護状態になる可能性も高まる一方ですし、自分の親族が要介護状態になって自分が介護する側に回るかもしれません。

70歳を過ぎて自分もそのうち介護をされる側になるんだろうなあ、嫌だなあ、などと思っていたら、配偶者が急に倒れて介護する側に回って息つく暇もない……などという話もよく聞きます。全く人生は最後まで油断なりません。

おそらくこの時代、**一生介護問題と無縁で生きられる人のほうが珍しい**でしょう。

また、介護というのは、される側もする側も相応の精神的負担を強いられます。これはいくらきれいごとを言って否定しても、厳然たる事実ですから仕方ありません。

私の父親が難病を発症し、やがて介護が必要な状態に進行していく中で、私は初めて

「この世は残酷だ」という事実を実感しました。

気まじめに仕事一筋で生きてきた父親が100万人に3人という難病を患う。それも論理立てて物事を考えることを好む父が、よりによってその頭だけクリアなまま身体が少しずつ動かなくなっていくという状態に置かれる……。

それに「理由」を求めても、あるはずもありません。

そう、世の中には理不尽なことがたくさん溢れているのです。いえ、実は大きな目で見れば、定年退職するまで元気で働けただけ父は幸せであったともいえるのです。

世の中には、若くして病気や事故で亡くなる方もいます。いえいえ、世界全体に目を向ければ、希望も持てず、明日飢え死にするかもしれない人々で溢れているのが現実です。

しかし、そのような悲惨な現状にすべて目を向けて向かい合っていたら耐えがたいので、普段の生活の中では、私たちはできるだけ「きれいな現実」しか見ないようにしているのです。

でも、**明日、その理不尽で残酷な世界が自分の目の前に現れるかもしれません。**

今回の「3・11」で私たちはそれを思い出したはずです。

明日、自分が病気で倒れて介護を受ける側になるかもしれないし、親が倒れて介護の日々が始まるかもしれない。

その時に「なぜ？」と考えても、嘆いても仕方ありません。あとは、**その中で最もよい「その後」を過ごすだけ**です。

私の父親は介護施設に入居した後、私が用意したノートパソコンで初めてインターネットの世界を体験しました。

父は会社員として在職中の頃からよく「定年後はパソコンを持って世界中を駆け回って仕事をしたい」と、言っていました。どんな仕事をするのかは全く決まっていなかったようですが、機械好きな父はとにかく「パソコンを持って」「世界中を駆け回る」ことをしたかったようです。

残念ながらその夢は叶いませんでしたが、私の用意したノートパソコンで普通の人より10倍くらいの時間をかけながらもキーボードを打って、世界中のサイトにアクセスして楽しんでくれていたようです。

要介護状態になった時の「夢」を決めておく

ちなみに、私は自分が要介護状態になった時には「本を読みまくろう」と決めています。小さい頃から本が好きだった私は、今でも毎日のように本屋に行っては興味ある本を何冊かずつ購入していますが、忙しくてとてもすべては読めません。

私は、「世の中っていったい、どんな仕組みで動いているんだろう?」ということが気になって仕方がありません。世の中がどのような仕組みになっているかを知るためには政治、経済、文化は当然のこと、各国の宗教や歴史などについても学ばなければわかるはずもありません。

もちろん、私が何百年かけてもその真実に到達することはあり得ませんが、それでも世の中の仕組みの真実の一端でも垣間見ることができればそれだけでも十分です。

介護状態になっても、良書を何百冊とベッドの脇に積んで、意識があり文字が読める限り、あらゆる分野の本を読んでやろうと思っています。認知症になっても、時折、頭がクリアになる時があるでしょうから、その隙にやはり読むのです。

別にその知識が備わったからと言って、世の中の真実に近づけたからといって、もはやそれを活かして新たに仕事をすることもできないでしょう。せっかくインプットしたその知識も自分の死とともに墓場に持っていくだけで、不毛といえば不毛です。

でも、それでいいのです。自分なりに「ああ、世の中ってそういうものかあ……」と、思えるだけでも十分楽しいと思います。

私の現在の書斎には、そうした読みたくて仕方ないけど時間がなくて読めない本が何百冊と並んでいます。私がもしも要介護状態になった時には、それをそのまま入居施設に持ってきてもらえればOKな状態です。

実は、こんなことは要介護状態にでもならないと、なかなか実現できません。身体が自由なうちは人間、何かと付き合いがありますから、自分の時間などとれやしません。**要介護状態になったら何をしようか？**　その状態でもできる「夢」を持っておくことが、残酷な現実に対抗する唯一の手段です。

身体が思うように動かない中でもできること――というと限られてしまうようです

が、昨今は介護状態にある方を専門とした旅行会社もあります（旅先で困らないように事前にすべて下見をして対策を講じた上で、介護の担当者が一緒に旅行に付き添ってくれます）。

自分が要介護状態になったら、そうしたサービスを活用して全国の城めぐりを始める、などということもあり得るのです。

たとえ介護状態になっても、そこからの人生は何年も（時には10年以上も）続きます。その時になって「何でこんな目に！」とパニックになり、心の整理がつかずに無為な日々を送るよりも、「さて、では要介護後の人生を始めるか！」と思えたら、どれだけ有意義かわかりません。

介護する側は「頑張りすぎない」に尽きる

一方で、これから自分が介護する側に回る可能性も十分あります。

その時に言えるのはただ一つ、**「頑張りすぎないこと」**です。

もちろん、いろいろな考え方があると思います。「親の介護は自分がやるのが筋だ」「妻の介護だけは自分が死ぬまでやるんだ」という考え方もあるでしょう。人それぞれの価値観は否定しませんが、頑張りすぎた結果、自分が倒れる、うつ状態になる、などということになったら、要介護者も幸せになれません。

これから説明する介護保険の制度をフルに活用するのはもちろんですが、多少お金がかかっても民間のサービスを別途利用して自分を適度に休ませることにより、結果的に大事な人を自分の手で長く介護をしてあげられることにもつながります。

危険なのが男性です。男性は特に仕事と同じ感覚で完璧にやろう、いや、完璧にやらなければいけないという想いに駆られるようです。

自分の責任で完璧にこなせなければ失敗だ――というように、どうも「評価される」ことから抜け出せないようです。

そのためか、「介護殺人」の加害者も男性が多いという話があります。

頑張りすぎないことが「自分のため」「要介護者のため」です。


これから、介護について特に金銭的な面をお話ししていきます。しかし、お金のこともちろん大切ですが、その前に介護する側もされる側も「メンタル」が健全であってこそです。

ですから、金銭面の話に入る前に次の二つだけは心得ておいてください。

①介護する側は頑張りすぎないこと

②介護される側は、そこからの人生も楽しむこと（できれば夢を持っておく）

この二つを大前提として、介護・介護施設のお金の話に移りたいと思います。

介護保険サービスを受けるには？

ご自身が既に介護保険サービスを受けられている。あるいは家族が利用しているという方にとっては介護保険制度についての理解も深まっていると思います。

詳しくわからないまでも「要介護1だから在宅サービスは毎月16万5800円が限度」といった内容についてもすんなりと飲み込めると思います。

しかし、まだ周囲で利用した人が一切いない方にとっては「介護保険」というものはよく耳にするし、自分も毎月保険料を徴収されているらしいとはわかっていても、その仕組みはチンプンカンプンということも多いでしょう。

そして、実際に親が倒れたりして介護が必要な状態になって初めて、

「えっ、老人ホームって介護保険が効かないの？」

「認知症になったら退去させられてしまう施設もあるの？」

と、右往左往することになります。

本書を読まれている世代の方であれば、まずは**親の介護が気になる（あるいは既に発生している）**ところだと思います。

そして、やがて自分が介護を受ける日もかなりの確率でやってきますので、元気な今のうちに介護保険や介護施設についての概略を頭に入れておきましょう。

本来であれば、介護保険や施設についてはそれだけで1冊分の本になるほどの話です。しかし、本書のテーマは「終活」であり、介護が老後資金や自身の生活にどのような影響を与えることになるのかを知ることが目的ですので、非常に簡潔にお伝えするつもりです。

さて、**介護保険**についてです。

40歳以上の方は意識しているかどうかは別にして、ほとんどの方は毎月介護保険料を収めています（つまり、被保険者になっている）。扶養されている方は自身は払っていなくても「払ったこと」になっています。

ですので、一定の状態になったならば、その介護保険から受給を受ける権利が生まれます。

しかし、これは年金のように一定の年齢になったり、介護状態になったら国から毎月定額で金銭を受給できるという類のものではありません。どんなに高齢になったとしても、介護状態にならなければ介護保険からの給付を受けることなく一生を終わります。

ではどのように介護保険サービスを受けるかといえば、**介護状態になった際に受けるサービスにかかる費用のうちの9割を補助してもらう**という形で受給するものなのです。

病院にかかる際に、実際に診察料のうちの3割だけが自保負担となる制度と似たようなものだと考えていただければ、わかりやすいと思います。

逆にいえば、1割の自己負担は必ずしなければなりませんので、老後に介護状態になったからといって、国がすべて面倒を見てくれて無料で介護が受けられるというものでもありません。

前章で老後に毎月固定でかかる出費を夫婦で25万円くらいと説明しましたが、もし、あなたが要介護状態になり介護サービスを受けることになれば、**その1割の負担も固定の出費に加えなければいけない**ということです。

さて、要介護状態といっても、実際にはいくつかの段階に分かれます。「要支援」「要介護」という言葉は聞いたことがあると思いますが、区分とその状態の目安は次ページの表のようになっています。

もし、あなたや配偶者が介護が必要な状態となった時には、このいずれかに分類されることになります。

ご想像の通り、介護度が上にあるほど介護サービスがより必要になりますので、在宅サービスの支給限度額も上がっていきます。

有利・不利という言い方は適切ではないかもしれませんが、どうせいずれかに認定されるのであれば、より上の介護度で認定されておいたほうが有利なのは確かです。

いえ、偽って上の介護度に認定されるのはよくありませんが、**少なくとも本来の介護度より下に認定されると支給限度額が低くなってしまいます**ので、それは避けなければなりません。

介護保険はまず自身で（もちろん実際には家族等が）市区町村に申請手続きをしなけ

要支援・要介護度の区分

要介護度	状態	在宅サービスの1カ月の支給限度額
要支援1	日常生活の一部に介助が必要。心身機能の維持・改善のため支援が必要と見込まれる状態。	49,700円
要支援2	食事・排泄・入浴などに一部手助けが必要な状態。	104,000円
要介護1	立ち上がりや歩行が不安定。排泄・入浴にも部分的に介助が必要。問題行動や理解の低下が見られる状態。	165,800円
要介護2	立ち上がりや歩行が自力では困難。排泄・入浴に介助が必要な状態。	194,800円
要介護3	排泄・入浴・衣服の着脱に全面的な介助が必要な状態。	267,500円
要介護4	立ち上がり・歩行・排泄・入浴が一人では不可能。衛生保持なども含め全面的な介助が必要な状態。	306,000円
要介護5	日常生活全般について全面的な介助が必要な状態。意思の伝達も困難な状態。	358,300円

※状態はあくまでわかりやすくした目安。個々の状況で判断される。
※1カ月の支給限度額のうち1割が自己負担となる。

れば始まりません。

申請をすると担当職員が自宅を訪問し、本人へ所定の質問を行ないます。そうした聞き取り調査や主治医の意見をもとにコンピュータがまず1次判定を行ないます。

1次判定では、

①非該当（つまり、要介護・要支援状態にはないということ）
②要支援
③要介護

のいずれかに判定されます。

コンピュータは全国一律の基準で判定を下します。

そして、その1次判定の結果を基に次は介護認定審査会というところが2次判定を下し、図のような要支援1〜要介護5までのいずれかに決定されます。

1次はコンピュータ、2次は人間が判定するという形をとっているわけです。

利用者の負担はどれくらい？

要支援か要介護のいずれかに判定されれば、支給限度額の範囲内で介護サービスを受けることが可能になります。しかし、前述の通りサービスを受けられるとはいっても無償ではなく、利用したものの1割は自己負担になりますので、できるだけ効率よく出費を抑えながら、必要なサービスを選択していくことになります。

一般的には**ケアマネージャー**と呼ばれる専門家にそのプラン作成を任せるのですが、自分で考えてもよいのです。現実的には実務経験が豊富なケアマネージャーに細かいプランを作ってもらうようにした上で、自分がある程度介護保険について理解しておき、その希望を反映したものにしてもらう形をとるのがベストといえるでしょう。

さて、お金の問題です。介護サービスといっても実に多岐にわたり、**要支援と要介護では利用できるサービスにも違いがあります。**

要支援の人が利用できるサービスは在宅サービスが中心で（要支援では施設サービスは利用できない）、入浴介護や介護予防のためのデイサービスへの通所、福祉用具貸与などがあります。

一方、要介護認定を受けると在宅サービスの他、特別養護老人ホームへの入居といった施設サービスも含まれるようになります。

82ページの図では、それぞれの区分に**「在宅サービスの支給限度額」**を記載してあります。これが各区分ごとにひと月に利用できる限度額ということになります。どのようなサービスを受けるのかは自由に選択でき、この支給限度額の範囲内にサービス料金が収まっていれば、自己負担を1割すれば済むということになります。

本来の状態よりも下に判定されてしまうと支給限度額が下がってしまい、1割負担で利用できる範囲が狭まってしまうことになります。

もし、あなたが要支援2になった場合には、支給限度額は10万4０００円で、限度額いっぱいに利用した場合の自己負担額は1万４００円になると考えればよいのです。

そのように見ていくと、最も重い要介護５の場合で支給限度額は35万８３００円ですから、限度額いっぱいに利用して自己負担額は３万５８３０円です。

では、もし必要に迫られて**支給限度額を超えてサービスを受けた場合**にはどうなってしまうのか？　そこが心配になってきます。

原則としては限度額を超えた部分は自己負担となってしまいます。

しかし、実は救済制度があり、一般的な家庭で自己負担の上限は3万7200円（月額）と決められています。これよりも自己負担額が多くなる場合には**「高齢介護サービス費」**という名目で申請することにより、払い戻しを受けることが可能になります。

ですから、実際には**最大でも自己負担額は3万7200円**であるといえるのです。

「老後の介護費用は最大でも3万7200円か。それならまあ安心だけど、でも実際には老人ホームに入るにはもっとお金がかかるのでは……」と、思われる方も多いでしょう。

そうなのです。この自己負担額の上限規定には**介護に関連するすべてのサービスが含まれるわけではない**のです。施設入所の食費や居住費、日常生活費、福祉用具購入など上限規定に含まれないものも多数あります。

ですから、老後資金を考える際には純粋な介護保険の自己負担分の他に、介護施設にかかる費用（食事、部屋代）も別途考慮しておく必要があるのです。それは本章の後半でお話しさせていただくことにしましょう。

ややこしい「在宅サービス」と「施設サービス」の定義

さて、ここからは特に老後資金に影響を与える施設での介護サービスを受ける場合についての基本知識をお話しさせていただきます。

そもそも介護サービスにおける「施設」という言葉は実にややこしいものがあります。介護保険を語る際にはよく**「在宅サービス」「施設サービス」**という言葉が使われます。

「在宅サービス」といえば、文字通りに受け取れば自分の家にいながらにして受ける介護サービスであろうと思ってしまいますが、そうとも限りません。いわゆる有料老人ホームなどの施設内で受ける介護サービスも「在宅サービス」に該当することが多々あります。

有料老人ホームなどは、日本語的な定義でいえば確かに「施設」なのですが、介護保険の世界では施設ではなく「自宅」の扱いなのです。

つまり、老人ホームという自宅で暮らしながら身体介護・生活援助・訪問看護などの

「在宅サービス」を受けるという考え方です。

また、いわゆるデイサービスなどのように一時的に施設に赴いて受けるサービスは、「施設サービス」ではなく「在宅サービス」に入ります。

では、介護保険上の「施設」とは何を指すのでしょうか?

それは法律上、介護保険施設として指定を受けているもので、次の3種類があります。

①指定介護老人福祉施設(「特別養護老人ホーム」がこれに該当する)

②介護老人保健施設(「老健」などと呼ばれている)

③指定介護療養型医療施設

これらの施設に入居・入院して受けるのが「施設サービス」なのです。

しかし、この3つの施設名を見ても漢字が並び、わかりづらいことこの上ないと思います。そこで、これらについては後ほど、それぞれの特徴を説明していくことにします。

まずは、介護保険の世界においては「在宅サービス」と「施設サービス」なるものがあり、しかしそれは必ずしも日本語の定義とは合致していないのだと覚えておいていただければよいと思います。

ところで、ここで先ほどの82ページの在宅サービスの支給限度額の話を思い浮かべていただきたいのですが、あそこで示した要介護区分ごとの支給限度額（1割が自己負担）というのは在宅サービスのことをいっているのです。

では施設サービスはどうかといえば、**施設サービスには支給限度額というものが定められていません**。

さて、そうなると、「ということは、法律上で施設サービスと定められた3種類の施設に入居すれば、すべてのサービスが1割の自己負担で受けられるのではないか？」という論理が浮かんでくると思います。

確かに、施設の入居費用等がすべて1割負担で済むなら、非常に安価な出費で済みそうです。ところが、残念ながらそう甘くはないのが現実。いくら法律上で定められた3種類の施設であっても、**毎月の部屋代や食事代は介護サービスで賄ってはくれない**のです。それは保険の適用外であり、すべて自己負担になるのが原則です。

施設の中で受けるさまざまなサービスの中でも、身体介護などの純粋な「介護」だけが保険適用をされて1割で済むという話です。

ですから、いわゆる特別養護老人ホームなどの指定を受けた介護保険施設であっても、毎月結構な出費がかかるわけです。

一方、実際に入居する人が多い有料老人ホームなども部屋代・食事代などの生活費に相当するものは全額自己負担となります。そこに身体介護などの介護サービスを付加すると、それは在宅サービスとなり、支給限度額の範囲で1割負担になるということです。

ただし、民間の有料老人ホームよりも、介護保険施設として指定されている特別養護老人ホームのほうが入居一時金もなしで部屋代なども割安なので人気があるということなのです。そして、人気があるゆえに多くの希望者が殺到し、現実的には入居まで「3年待ち」などという状況になっています。

そこで仕方なく（もちろん望んでという方もいるでしょうが）、割高でも有料老人ホームに入居するという流れが一般的になっているのです。

有料老人ホーム・特養・グループホーム
――この違いがわからなければ老後を計画できない

さて、非常にややこしいですが、日本語の定義上の「施設」（建物）と介護保険上の「施設」は異なるのだということはご理解いただけたかと思います。

特別養護老人ホームは介護保険上の「施設」に該当するが、民間の有料老人ホームは単なる「住居」（賃貸マンションのようなもの）と考えられるということです。

しかし、ここでは老後に入居する選択肢を見ていくために、それらすべてを含めて「高齢者施設」と考えて、それぞれの特徴を見ていきたいと思います。

ここがわからないと、正直、自らの手で老後の人生設計を考える（＝終活）はできなくなってしまいますので、少々大変でも頑張っておきたいところです。

そして、介護が必要となる平均的な年齢（80歳頃）の前にこうしたことを考えておくべきです。いえ、実際には介護が必要とまでは言わなくても、**判断能力や記憶力が高い**

70歳代前半までにこうしたことを理解しておくのが得策です。

一度理解してしまえば、介護を受ける段になっても自分にどのような選択肢が残されているのかがわかるものです。

まずは先ほどから登場している「特別養護老人ホーム」「有料老人ホーム」を中心にそれぞれの施設の特徴と費用の概算を見てみましょう（94〜95ページ表）。

もし、あなたが一生を、それほど高度な介護が必要のない好運な状態で過ごせるのであれば、高齢者施設で暮らすにしてもさまざまな選択肢が存在していることがわかります。経費老人ホームなどは比較的安価です。

しかし、こうした施設では介護区分が重たくなると入居を続けられなくなります。

また、有料老人ホームにおいても介護付きのものと、健康な方を対象とした住宅型があります。住宅型の中には富裕層向けの高級マンション的なものもあります。

しかし、ここではやはり、いざ介護が必要になるかもしれないという観点で、先にも出てきた3種類の介護保険施設と有料老人ホーム（介護付き）、そして認知症高齢者グループホームに注目してみたいと思います。

まずは、3種類の介護保険施設ですが、これらは漢字が並び覚えづらいので「介護保険施設①～③」の名称で呼ぶことにします。次の通りです。

・介護保険施設①（特徴：一般的な介護施設）
・介護保険施設②（特徴：病後のリハビリのための一時的な入所施設）
・介護保険施設③（特徴：介護にプラスして医療が必要な人のための医療施設）

これならだいぶ覚えやすいのではないでしょうか。

介護保険施設①の代表が人気の「特別養護老人ホーム」です。通常の介護施設と考えればよいでしょう。

介護保険施設②は、病後のリハビリを中心に考えられたものです。ですから、リハビリが終了したら自宅復帰することを前提にしています。そのため原則の入所期間は3カ月以内です。ただし、現実的には帰る場所がなく更新を続けている人が多いのも実情です。しかし、原則としては長くはいられないのだと考えておくべきです。

また、介護保険施設③は介護に加えて高度な医療体制が必要な人のためのものですか

施設名称	特徴	費用
指定介護療養型医療施設(※介護保険施設③)	介護だけでなく長期間医療ケアが必要な人のための介護施設。通常の介護施設に比べて医師や看護師などの医療スタッフの割合が多く、医療サービスが充実している。入所者の要介護度も4以上が多い。	こちらもやはり法的な介護施設に該当するため総額で月額10万円前後になることが多い(介護保険施設②の老健に比べると若干高めになる傾向)。
認知症高齢者グループホーム	認知症と診断された高齢者が少人数で共同生活を送る施設。 認知症を発症しても孤独に過ごしたくない人に向いているが、共同生活のため暴力行為・迷惑行為があると退去させられるケースが多い。	入居一時金が数十万に設定されているケースが多く、その他月額の介護保険自己負担分・部屋代・食事代等は十数万円程度になる。
経費老人ホーム	自宅での生活が諸事情により困難な入居者が対象の施設。地方公共団体等の運営で利用料は非常に安い。 ただし、要介護度が高くなると退去せざるを得なくなるケースが多い。	食事提供が含まれる「A型」で月額総額は10万円前後。食事提供のない「B型」であれば5万円以下。ただし、基本的に認知症がある場合は不可。

主な高齢者施設の種類と特徴

施設名称	特徴	費用
有料老人ホーム（介護付き）	都道府県から「特定施設」の指定を受けているものの民間企業が事業として運営。よって富裕層向けの豪華なものから安価なものまでさまざま。 介護サービスは施設スタッフや外部事業者を使って受ける。認知症が重度になった場合に入居を続けられるかが問題となる。	民間の運営なので費用はピンキリともいえるが、高齢者施設の中ではやはり高めになる。入居一時金は0円〜数千万円までさまざま。月々の部屋代は介護保険が効くわけではないので全額自己負担。介護保険の自己負担分と部屋代・食事代等込みで月額十数万円〜30万円程度が多い。
特別養護老人ホーム（※介護保険施設①）	有料老人ホームに比べ費用は安価で、手厚い介護サービスを終末期まで受けられることで超人気。待機者も多く3年待ちなどということも珍しくはない。現実的には要介護度3以上でなければ入居も難しい。	月額10万円前後で介護保険の自己負担分、部屋代・食事代がすべてカバーできるケースが多い。入居一時金もなく、有料老人ホームに比べて割安になる。
介護老人保健施設（※介護保険施設②）	入院治療後、自宅復帰のためのリハビリを行なうことが目的の施設。そのため原則の入所期間は3カ月であるが、現実的には長期で入所している人も多い。 本来的には永住できるものではない。通称「老健」。	やはり、月額10万円前後で介護保険の自己負担分、部屋代・食事代がすべてカバーできるケースが多い。原則入所期間は3カ月間で入居一時金もない。

※介護保険上の「施設」は①〜③の3つだけを指す

ら、医師や看護師が多く常駐していて医療設備も整っています。平成23年中に廃止の予定でしたが、延期の予定に変わりました。廃止されたとしても同様の医療施設は不可欠ですので、今後も同様のものが用意されるでしょう。

これら介護保険施設①〜③はいずれも高額な入居一時金も不要で、かつ月額利用料も比較的安価です。

しかし、介護保険施設②と③はあくまでリハビリや医療が必要となった際のものであり、「終の棲家」としてあらかじめ考えるべき対象ではありません。

この中で**自ら老後の計画として取り込めるものとしては①の特別養護老人ホーム**です。もし、介護が必要な際には介護保険施設①（特別養護老人ホーム）へ入居することを目標にするという考え方はいいと思います。ただし、前述の通り人気が高いですから、今から近隣の特別養護老人ホームの情報を集めておくのが得策です。

ただし、この介護保険施設①に該当する特別養護老人ホームは、元気なうちから応募することはできません。介護が必要な状態になって初めて入居資格が生まれます。

法律上は要介護1から入居できることになっていますが、実際には要介護度が重い人が優先されますので、要介護度3以上でなければなかなか入居はできません。

もし介護保険施設①に入居できなかった場合に備えて、**有料老人ホーム（介護付き）の情報も集めておくべき**です。これも元気な今のうちにこそやっておくべきでしょう。

正直、有料老人ホームは（お金さえ払えば）入れないということはありません。運営しているほうは商売ですから当然です。


また、有料老人ホームと似たような存在で**「認知症高齢者グループホーム」**と呼ばれるものがあります。

表の通り、月額費用は十数万円。入居一時金が必要な場合もありますから、有料老人ホームと類似施設と考えてもよいでしょう。

しかし、有料老人ホームと異なるのは9〜18人という少人数の「共同生活の場」であるということです。大人数の有料老人ホーム（入居者は必ずしも介護状態や認知症とは限らない）と、少人数共同生活の認知症高齢者グループホーム（入居者はすべて認知症と診断された人）のどちらがよいかは、各人の価値観によるでしょう。

自分の場合は認知症になった場合でも皆とワイワイ共同生活を送るほうが向いている

と思えば、そうした希望を「エンディングノート」に記載しておいたり、家族や成年後見人に伝えておくべきです。

このように、高齢者施設には入居について経済的にも身体的にもそれぞれに制限があります。それらを踏まえて老後計画の中に織り込んでいく必要があります。

しかし、実は入居に際しての条件よりも重大で先に知っておかなければならない問題があります。

それは、**「退去させられる条件」**です。

ここまで挙げてきた介護保険施設①〜③と有料老人ホーム（介護付き）、認知症高齢者グループホームは、いずれも基本的には認知症を発症したとしても入居し続けられます。

しかし、有料老人ホームにはそれぞれに規定がありますので、重度の認知症になったり、ホームでは見きれない病気になった際には退去させられるケースもあります。

認知症高齢者グループホームなどはその名の通り、認知症の方専門の施設であるはずですが、その度合いによっては退去させられるケースもあります。

何しろ共同生活の場ですから、たとえば暴力を振るうとか、他の入居者への迷惑行為があると退去させられるのも仕方ない部分もあります。

しかし、有料老人ホームや認知症高齢者グループホームでは入居の際に高額の一時金を支払うこともあるなど、入居者も人生を預けて入居していますので途中で退去となると、それこそ老後の資金計画がズタズタになりかねません。

ですから、特に有料老人ホーム、認知症高齢者グループホームに入居の際には退去の規定（これまでどのようなケースがあったかなどの実例も含めて）を十分に説明してもらい、納得した上で入居しなければなりません。

そのためには、入居一時金の性質や退去時の返金規定についても理解しておく必要があります。

その辺りをわかりやすく説明していきましょう。

各施設の入居にかかる費用はどれくらい？

各施設の入居にかかる費用の概算は94～95ページの表にまとめてあります。

費用は大きく分けて、

- **入居一時金**
- **月額費用**

の二つが存在します。

介護保険施設①～③については「入居一時金」がありませんので、老後資金を計算する時は簡単です。施設により異なるとはいえ、介護保険の自己負担分、部屋代、食事代を合わせて月額15万円程度と見ておけば大丈夫でしょう。

有料老人ホームや認知症高齢者グループホームも月額費用は大体安定します。

ただし、その額はホームにより大きく異なりますので、今のうちから資料を取り寄せるなどして自分が希望するレベルの有料老人ホームが実際、月額いくらかかるのかを研究しておきましょう。

まあ、現実的には**介護保険の自己負担分、部屋代、食事代を合わせて25万円くらい**を見ておくのがよいのではないでしょうか（すべて一人当たりの金額です。夫婦の際は当然に異なります）。

ですので、1章で覚えた老後資金のカンタン計算表の支出欄には、これらの数字を入れて試算をしてみて「有料老人ホームに入居しても何とか資金は持ちそうだ」とか「有料老人ホームでは高額すぎて厳しいので、特別養護老人ホームに入れるまでは自宅で生活する必要がある」などと考えておくことが必要です。

高度な介護が必要になる年齢は80歳くらいですから、80歳以降の支出をこれら施設で送ると仮定するのが一般的なやり方です。

しかし、70歳を過ぎたら施設で暮らすほうが何かあった時のために安心だとか、子供に迷惑をかけないように75歳になったら老人ホームに入ろうという考え方もあります。

このように月額費用はわかりやすいのですが、**厄介なのが入居一時金の問題**です。

入居一時金というのは、文字通り入居時に一時的に支払う金額です。

介護保険施設①~③では不要ですが、有料老人ホームではほとんどの場合必要です（最近では経済情勢や老人ホーム間での競争激化で入居一時金を0円にしているところもありますが）。

その金額は数百万円~1000万円程度が一般的です。

これもいろいろな有料老人ホームの資料を研究するのがいちばんですが、「安いからいい」「高いから不利」とも一概には言えない部分があります。

また、万一退去することになった場合にこの入居一時金は戻ってくるのか？　いくら戻ってくるのか？　という疑問が出てきます。

有料老人ホームの「入居一時金」「初期償却率」「償却期間」を把握する

有料老人ホームにおける「入居一時金」とは、そもそも何のお金なのか？　という疑問が出てくるのですが、よく言われるのが「終身利用権である」ということです。

月額費用は家賃、食費、水道光熱費、共用設備利用料、介護関連費用などの実費的な意味合いのものですから、入居一時金についてはまさに終身利用権としか説明しようがないのが現実です。

もちろん想像の通り、現実的には施設側の利益になる部分でもあります。

しかし、弱者から利益をとるなんてけしからん！　とも言えません。

特に有料老人ホームの場合には民間が営利事業として経営しているわけですから、万一赤字続きになってしまったら破綻を免れません。**老人ホームが経営破綻して困るのは、誰よりも入居している利用者です。**

入居者のためにも施設側には適正な利益を確保し続けてもらい、良質なサービスを永続的に提供してもらわないと困るのです。

とはいえ、**入居一時金も場合によっては退去時に返金されることがあります**。

たとえば、入居一時金が「500万円」である有料老人ホームがあったとします。

その場合には、重要事項説明書などの資料内で「入居一時金　500万円」という表示がされているはずです。

そして、必ず入居一時金について「初期償却率」という数字が「%」で示されているはずです。たとえば「初期償却率　20%」というような形です。

この場合には、500万円の20%に当たる100万円は初期償却費に充てるということになります。

これはつまり、100万円は入居時に問答無用で老人ホーム側の収入になることを意味しています。その後に退去しようがしまいが、入居した時点で終身利用権として頂戴するのでお返しはできませんよ、ということを意味しています。

ですから、入居一時金に初期償却率を掛けたお金は、原則として何があっても返ってこないものと利用者は覚悟しなければなりません。

では、それ以外の残額は退去時に返金されるのか？　といえば、そうでもありません。**残額も年数をかけて償却されていく（老人ホーム側の収入になる）**のです。

そこを表しているのが「償却期間」です。

償却期間が何カ月とか何年であるということが、必ず重要事項説明書に記載してあるはずです。

たとえば、償却期間が10年であるとしましょう。

先ほどの例では入居一時金が５００万円で初期償却率が20％でしたから、入居したとたん１００万円は老人ホーム側の収入となりました。

そして、残額の４００万円も10年の償却期間を経て、やがて全額老人ホーム側のものになる（返金義務がなくなる）のです。

これを表に表すと、次ページの図のようになります。

入居期間が長くなればなるほど、返金される金額は減っていきます。

もちろん、実際にこの老人ホームに終身まで入居して暮らせるのであれば、返金されなくても構わないわけです（そのつもりで支払うお金ですから）。

入居一時金500万円、初期償却率20%、
償却期間10年のケース

年数	償却額	返還金額
入居時	100万円 （入居一時金500万円のうち20%に当たる100万円が入居と同時に償却される）	400万円
1年後	40万円 （入居時に100万円が償却され、残りの400万円は10年かけて40万円ずつ償却されていく。以下、毎年同じ）	360万円
2年後	40万円	320万円
3年後	40万円	280万円
4年後	40万円	240万円
5年後	40万円	200万円
6年後	40万円	160万円
7年後	40万円	120万円
8年後	40万円	80万円
9年後	40万円	40万円
10年後	40万円	0円

しかし、前述のように、現実的には強制退去という事態も起こり得るわけです。その時のためにも「入居一時金」「初期償却率」「償却期間」の意味を把握しておく必要があるのです。

また別の施設を探すにしても、**その時の手持ち資金によって選択肢が大きく変わってきてしまいますから、退去時にどれくらい返金されるかは、とても重要なこと**です。

ちなみに、償却期間が短いとそれだけ短期間ですべて入居一時金は老人ホーム側のものになる――つまり、一切返金されなくなることになります。

償却期間が5年であれば、初期償却費を除いた残額の400万円が5年間で償却されてしまうということですから、年間80万円のペースで償却されてしまいます。

老後の20年を不快に過ごさないために

いずれにしても介護施設を選ぶ場合（特に有料老人ホームの場合）には、安易に入居施設を決定するのではなく、十分に検討することが必要です。

先ほど説明しました入居一時金などのようなお金の問題はもちろんですが、どのような雰囲気の施設なのかということも含めてじっくり時間をかけて選び、20年やそれ以上にも及ぶかもしれない老後生活を不快なく過ごせるように自衛しましょう。

たとえば、入居一時金についても**その額の高低だけで決めてしまってはいけません**。

当然の話ですが、入居一時金が低めの金額に設定されている老人ホームは月額費用が高めになる傾向があります。民間が経営しているのですから、そうしなければ割に合わないわけです。

そうすると、「入居一時金は高いけど、長く入居すればするほど割安になっていく」

とか「自分の現在の状態を考えると余命はさほど長くはなさそうだ。月額費用が少々高くても入居一時金が安いこのホームのほうが、子供たちにお金が残せるようだ。月額費用が高い分、手厚いサービスで残りの人生を快適に過ごせそうだし」などという判断も可能になってきます。

ちなみに、シャイ・ドレーガー症候群で終末期を迎えた私の父も、施設でこんな計算ばかりしていました。

私が渡したノートパソコンにインストールされていた表計算ソフトの使い方を簡単に説明しておいたら、機能が衰えた手で時間をかけて一生懸命計算をしていたようで、今もそのパソコンと表計算のシートは私の手元に形見として残されています。

また、最近では有料老人ホーム選びのためのサイトも多数存在します。なかには、掲示板が設置されていてホームごとにスレッドが立ち、利用者や従業員が本音を書き込んだり項目ごとに評価できるようになっており、公開されているものがあります。

こうしたものは非常に生々しく参考になりますので、活用するべきだと思います。

ただし、こうしたものは往々にして書き込む人の一方的な思い込みである場合もあり、参考にはなりますが、絶対的に信頼してしまうのも危険です。

やはり、元気なうちに自分の足と目を使って実際に見学し、説明を受けてみるのがいちばんといえます。

老後20年と考えたら、**人生の4分の1という膨大な時間**です。

その長い時間を過ごすための施設選びですから、どれだけ慎重になっても決して無駄ではないでしょう。

3章

「保険」「年金」
今見直せば節約したお金を老後資金に回せる

自分の保険を「仕分け」する

さて、1章で算出した老後資金は、「介護」という突発的な問題で「支出」の金額が大幅に変わるかもしれない、ということを感じていただきました。

どうあっても老後資金は安泰という方は別として、「もう少し出費を抑えることを考えなければいけないなあ……」と、実感された方も多いと思います。

しかし、出費を抑えるというのは一定の生活レベルを保っていると、そう簡単なことではありません。

これまで毎月友人との会食を楽しんできたという方が、それをやめるというのであれば、支出を抑えられたとしても人生の豊かさが減少してしまいます。それが果たしてよいことなのでしょうか？

それよりも、終活の一環としておすすめしたいのが**「生命保険の見直し」**です。

そもそも、自分が加入している保険について「どのような条件で保険金がいくらおりるか」「主契約と特約について分けて説明できるか」というと、ほとんどの方が無理なようです。もちろん契約時にはそれなりに納得して印鑑を押しているはずなのですが、1カ月もすれば「これはどういう主旨で契約したものだったかな？」と、首をかしげる状態です。

かくいう私も、自分の保険証書を見るたびに「へ～、こんな保険に入っていたんだ？」などとつぶやき、妻に呆れられる始末です。

それでいながら、毎月結構な金額の保険金を長期間にわたって払い続けているのですから、トータルで見たら大変な金額です。

特に、これまで自分の保険についてほとんど関心を持っていなかった、あるいは、10年以上前に契約して見直しをしていないという方は、知らないうちに不要な保険料を払い続けている可能性があります。

しかし、逆にいえば、そういう方は**大幅に保険を「仕分け」できるチャンス**ともいえます。

今後10年、20年の間に何百万円という保険料を支払うことを考えれば、今、きちんと仕分けして見直せば、あなたの個人財政を大きく好転させられるチャンスなのです。

そのためにも生命保険の基本だけは、おさらいしておく必要があります。

少なくとも、「終身保険」「定期保険」「養老保険」の仕組みだけは理解し、自分のかけている保険について理解できる必要があります。

その上で、最近急激に台頭してきた低保険料の「ネット生保」や新たに開発された保険商品「就業不能保険」などを見ていきたいと思います。

「終身保険」と「定期保険」

生命保険を理解する上で絶対に欠かせないのが「終身保険」と「定期保険」という概念です。

せっかくの機会ですから、お手元にご自身が契約している保険証書や資料一式をご用意してみてください。**自分のもので考えていくのがいちばん理解が早まります。**

さて、実際にはどの保険商品も非常にわかりづらいものになっています。主契約だけならシンプルなのですが、なぜかやたらと特約なるものがついていて、「支払い」と「リターン」の関係性が直感的にわかりづらくなっています。

後でお話しするネット生保では、とにかくシンプルにした生命保険の商品を販売していますので（そこに加入するかどうかは別にして）、そうしたものと自分の保険を比較してみると金額についての理解も深まると思います。

さて、「終身保険」と「定期保険」です。

この二つを図にすると次ページの図のように描かれます。

終身保険というのは、文字通り「自分が死ぬまで保障が続く」と考えればよいでしょう。

基本的には**「決められた保険料を毎月支払う。決められた期間まで支払い続ける」**。その結果として**「死亡の時期がいつであっても、決められた死亡保険金がもらえる」**というものです。

そう考えれば非常にわかりやすいですね。少なくとも、かけた保険料が全く無駄になる（全く受け取れない）ということはないのです。


では、一方の「定期保険」はどうでしょうか？

支払いの部分については原則として終身と同じで**「決められた保険料を毎月支払う。決められた期間まで支払い続ける」**ということになります。

しかし、大きく異なるのは保険金をもらうという部分についてです。

「定期」というのは、文字通り「決められた期間だけ」ということです。つまり、**「あ**

保険の種類

終身保険

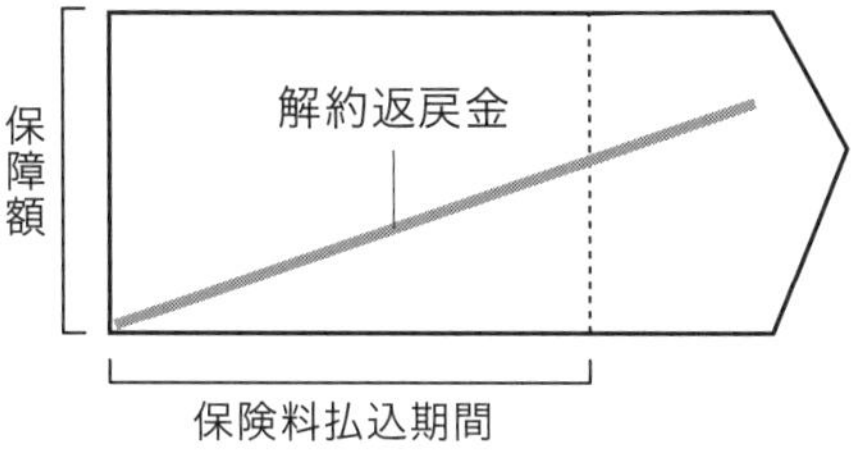

- 決められた期間、保険料を払い込む
- 死亡の時期がいつであっても死亡保険金が払われる
- 途中で解約しても返戻金は戻ってくる

定期保険

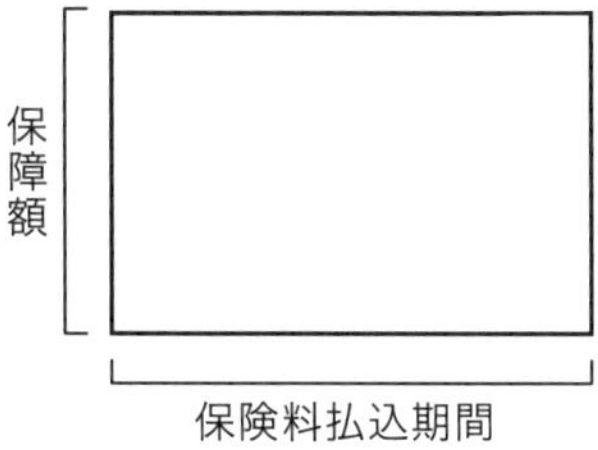

- 安い保険料で高額の保障が得られる
- 決められた期間内に死亡しなければ死亡保険金は払われない(掛け捨てになる)

る決められた期限までに死亡すれば保険金が支払われる。その期限を過ぎて生きていた場合には支払われない」ということなのです。

経済的には「その期限までに死んでしまったほうがお得」といえるのですが、もちろん金銭の問題よりも長生きできたほうが幸せという方も多いでしょう。

この定期保険が、いわゆる**「掛け捨て」**と呼ばれる保険のことなのです。期間（60歳など）まで無事に生きていれば、そこまで支払った保険料はある意味無駄になると考えればわかりやすいでしょう。

しかし、無駄とはいえ、かけていた意義は大きいのです。

たとえば、子供がまだ成人していないうちに一家の働き手である自分が死んでしまったならば家族が路頭に迷いかねません。

ですから、子供が成人するまでを期限として高額の保険金がもらえる定期保険に加入しておくという方法がとられるのです。支払った保険料が無駄になっても子供が成人するまで無事に生きていられたら、それで定期保険の意味は十分にあったのです。

終身保険は期限なく死ぬまで保障されますが、その分、定期保険に比べて保険料は割高になっています。

ちなみに「養老保険」というのは、やはり期間が定められていて、その間に死亡した場合には死亡保険金が出るという点では定期保険のようなものです。

しかし、定期保険が期間まで生きた場合には掛け捨てになるのとは異なり、期間まで生存していた場合には満期保険金がもらえます。

つまり、完全に掛け捨てになることはないし、かつ解約をした場合でも解約返戻金が戻ってくるので貯蓄性もあるといえます。いいこと尽くしのようですが、その分、保険料は割高です。

さて、こうした基本をおさらいするだけで、自身の保険証書が感慨深く（？）見えてくることでしょう。

保険加入時から時間が経過していたり、家族構成などに大きな変化があった方はぜひ、再考してみていただきたいところです。

もちろん、「終身保険がいいのか？　定期保険がいいのか？」ということではなく、

自分自身の環境に合っている保険に入れているかという部分が問題です。

たとえば、老後資金の計算をしたところ余裕がなく、少しでも保険料を抑えて出費を減らしたいという場合でも、子供が既に成人して自立しているならば、思い切って定期保険はもとより終身保険も解約してしまうということも考えられます（しかし、子供だけでなく妻が遺されるケースを考慮したり、特約でついている医療保障までなくなっても大丈夫かといったことまで、十分に検討する必要があります。特に解約してしまうと再度加入したいと思っても同条件にならない、あるいは加入ができなくなるケースもあります。昔に加入した保険には「利率」がいいものもあり、解約すると別の意味でもったいない場合もあります。解約に際しての判断はＦＰなどの専門家に相談されるのがよいと思います）。

逆に老後資金に余裕がある場合には、相続対策として終身保険を活用するということも考えられます。

どの保険にも一長一短があり、保険商品そのものをよいか悪いか判断するのはナンセンスです。それよりも「自分にとって必要な保険か否か？」という判断ができるようになることが大事です。

低保険料のネット生保はどうなのか？

ところで、ここ2～3年で保険業界は激変しています。

もし、あなたが近年保険に関心を持っていなかったとしたら、この流れを押さえておかなければなりません。

最も大きな動きは**「ネット生保」**の誕生です。

従来の対面型の保険営業スタイルを切り捨て、ネット上でほとんどの手続きを済ませる（実際にはネット画面ですべて完結するわけではありませんが）ことにより大幅にコスト削減し、保険料の低減を図っています。

たとえば、わかりやすいところで「死亡保険金額3000万円、30歳、保険期間10年」の定期死亡保険の例で月額保険料を比べてみましょう（次ページ）。

月額保険料はこれだけの差が出る

死亡保険金額3000万円、30歳、
保険期間10年の場合

ネット生保（ライフネット生命『かぞくへの保険』）

→3,484円

某大手生命保険会社　→6,990円

（平成23年5月時点）

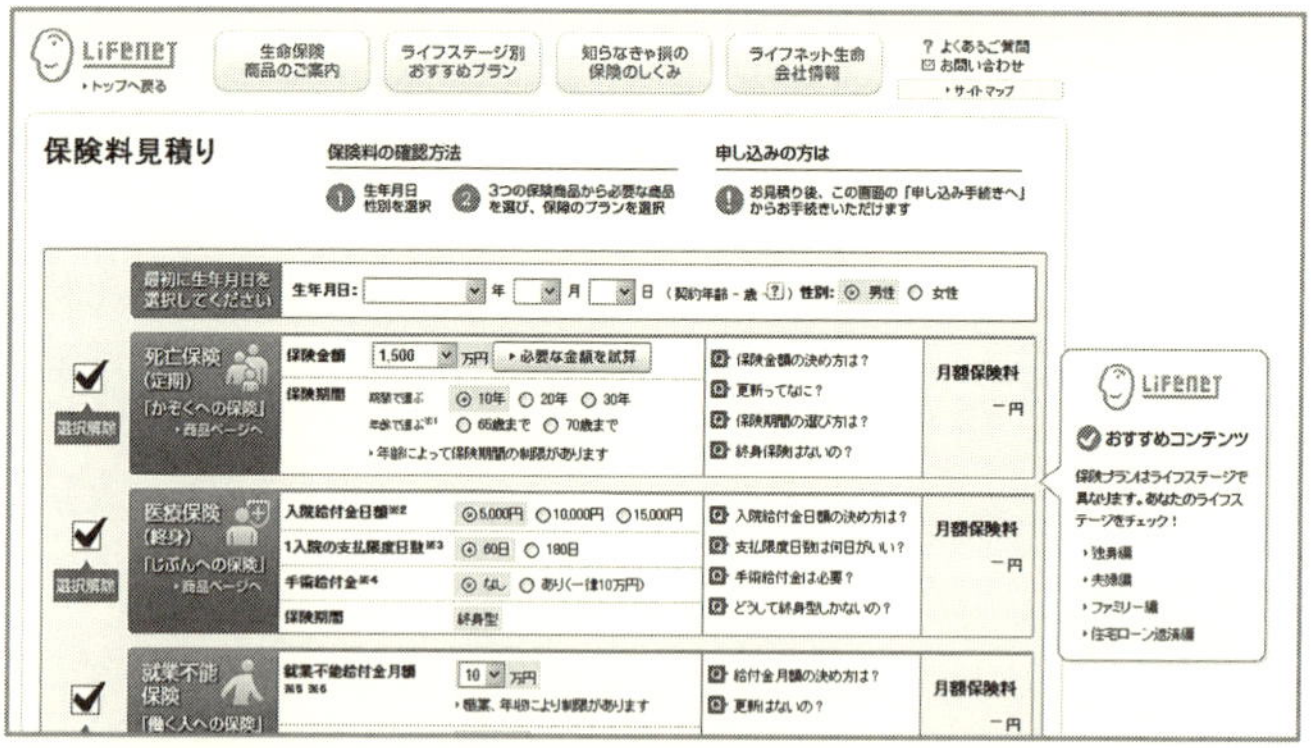

ライフネット生命の保険料見積もり画面
http://www.lifenet-seimei.co.jp/plan/index.html

保険料の構成比

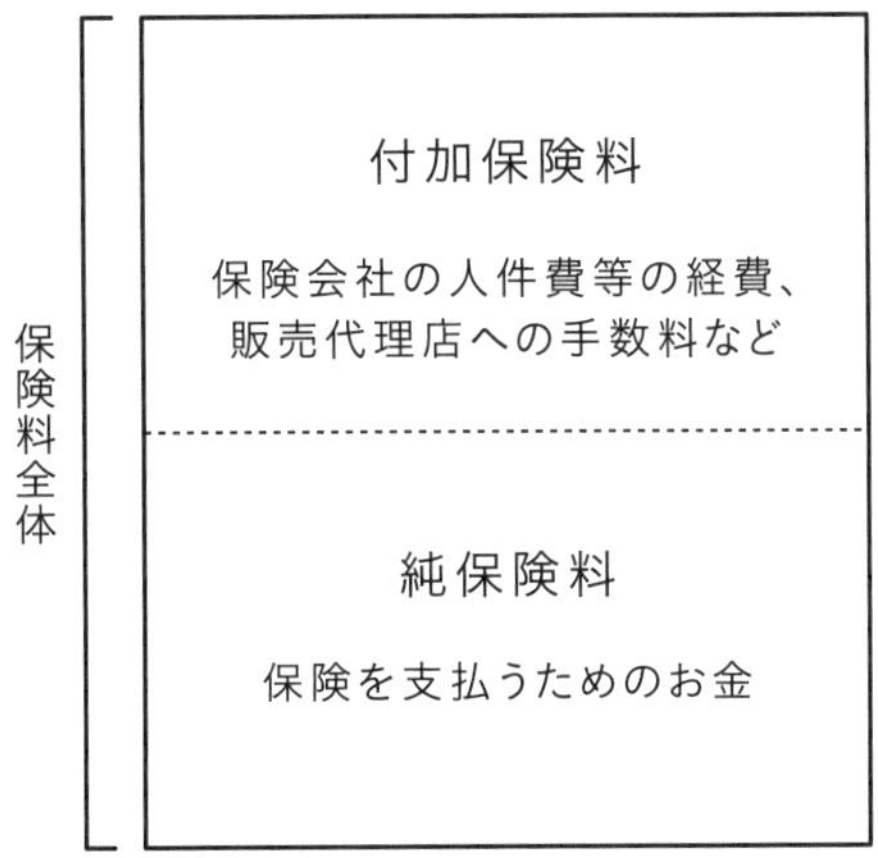

あまりの違いに驚いてしまいます。

なぜ、このような違いが生まれるのでしょうか？

そもそも保険料は、大きく分けると**「純保険料」**と**「付加保険料」**の二つから成り立っています。

純保険料というのは保険金の支払いや満期返戻金に充てられるもので、いわば一般のビジネスでいう「商品原価」に相当します。

そして、付加保険料というのは保険会社の諸経費・従業員給料・保険代理店への報酬支払に充てられるもので、一般のビジネスでいう「粗利」に相当します。

通常の商品であれば、企業努力により商品原価の額は企業ごとに異なります。

しかし、生命保険における原価（保険金の支払い額）というのは高度な計算により標準化されており、基本的にはどの保険会社でも同じになっていきます（異説もありますが、大方は同じと考えてよいでしょう）。

大きく差が出てくるのが、保険会社の諸経費・従業員給料・保険代理店への報酬支払等に充てる付加保険料の部分というわけです。

日本のネット生保の草分けは、２００８年5月に開業したライフネット生命です。

従来の保険会社の子会社などではなく、純粋なベンチャー企業が保険会社の認可を取得したことでも話題となりましたが、このライフネット生命は対面販売を行なわずネット販売だけに特化することで諸経費を削減し付加保険料を下げ、徹底的な低価格保険を販売することで道を切り開いてきました。

これに追随して現在では他社でも同様のビジネスモデルを取り入れ、保険の低価格化が進んでいます。

その結果、現在では前述の通り、同じ条件の保険でも月額の保険料が驚くほど異なるものが併存する事態となっているのです。

もちろん、ここではネット生保が何がなんでもいいというつもりはありません。たとえ保険料が高くなろうとも、従来型の対面販売を望む方もいることでしょう。すべてを理解した上で「高いけど、私はこの保険（会社）を選ぶ」「実績が少ない会社では保険金の支払い体勢に不安があるから、大手を選ぶ」「私は徹底的に合理的に考えるので、安いネット生保を選ぶ」というように、各自の価値観で決めるのがいちばんです。

ただ、自ら情報を取得しないでいると、その無知につけこまれて搾取されるのが資本主義の基本です。重要なのは、まだ頭の回転がいいうちに自分なりに生命保険の仕組みに関心を持って情報を得ておくことです。

終活をするということは、そうした**無知をなくしてさまざまな選択肢を持てるようになる**ことでもあります。

サラリーマンのいちばんの不安は働けなくなること

別にライフネット生命の宣伝をするつもりはないのですが、同社はベンチャー企業らしくおもしろい試みをしているので、注目すべき点が多くあります。

同社は保険をわかりやすくするためにシンプルさを追求しています。やたらと特約をつけてわかりづらくするようなことはせず、そのため商品数は本当に少ないです。

同社のシンプルな商品構成のうち、「働けなくなるリスク」に備えた「就業不能保険」というものがあります。

私なども自営業ですから、自分が倒れた場合に家族はどうなってしまうのだろう？　という不安を切実に持っていました。

変な言い方ですが、自分が死んでしまった場合には相応の死亡保険金が出るように保険をかけていますから、それはそれでいいのですが、**本当に困るのは死んだ時よりも病**

気で急に倒れて働けなくなることなのです。

もちろん健康保険や民間の保険からも疾病手当等は出るのですが、それもいつまでも支給されるわけではありません。

ところが、病気で倒れて2～3年（あるいはそれ以上）療養が必要になり働けなくなることも十分に考えられます。そうなると収入は途絶え、保険金の支払いも受けられない状況となります。

読者の方でも、もしまだ現役で働かれているとしたら、そこがいちばんの心配ではないかと思うのです。

そんなことを考えていた時に発売されたのが、先の「就業不能保険」です。

これは、ありそうで（そしてニーズが実際にありながら）日本の生命保険会社では扱っていなかったものです。いえ、正確にはそれまでも経営者向け収入保障保険は存在していましたが、保険金を受け取れる条件が「死亡か高度障害」であり、もっと身近に考えられる「病気で就業不能な状態」をフォローするものではありませんでした。

もっとも、斬新なこの保険も、開発されて日が浅いためにまだ完全な実情は見えてきません。

保険金が支払われる条件は「少なくとも6カ月以上、いかなる職業においても全く就業できないと医学的見地から判断される状態」とのことですが、この解釈も一般の人には難しいですし、事例が少ない現状では少々不安でもあります。

しかし、条件を満たせば、最大で年金受給が始まる65歳まで毎月20万円の就業不能給付金が出るとのことですから、家族を抱える現役世代には注目といえます（参考：ライフネット生命「就業不能状態に該当する具体例」http://www.lifenet-seimei.co.jp/faq/detail/2168.html）。

老後資金に余裕がなければ生前にもらえる保険金にしたい

先の就業不能保険などは主に現役世代にとっては関心が大きいものでしょう。しかし、もう一つ終活の中で考えたい生命保険の種類として**「リビング・ニーズ特約」**というものがあります。

死亡保険であれば基本的には自らが死亡した場合にしか保険金がもらえません。しかし、**実際に治療費等でお金が必要になるのは死亡前の「終末期」**ともいえます。

もちろん、相続的な意味合いで保険に入る場合は通常の終身死亡保険でよいのですが、そうでなければ終末期の自分のために「リビング・ニーズ特約」をつけておくほうがよいでしょう。

これは病気で余命6カ月以内と診断された場合に、死亡保険金が前払いで受け取れるものと考えればよいでしょう。

医療費に充てたり、自分の最後の何らかの夢・望みのために使うということも考えられます。

既に自身が加入している生命保険にこの特約がついている場合も多いでしょう。一度確認して、自分の余命が少なくなった時に死亡保険金を先払いでもらえるのか否かを知っておきましょう。

「どうせ年金制度は破綻するから払わない」は大失敗のもと！

さて、前項では保険のお話をさせていただきました。

これは、老後に向けて毎月の大きな支出になっている生命保険をこの機会に「仕分け」して無駄な出費をなくそうという話でした。

次に考えるべきは、老後に「もらうお金」についてです。

まず、多くの国民が感じていることは公的年金への不安ではないでしょうか。せっかく加入していても（といっても強制加入ですが）、年金制度は近い将来破綻して結局、無駄になるのではないか？　そのように思っている方も多いと思います。

しかし、それでも**公的年金に加入していることは非常に大事です！**

別に私は政府の回し者でも何でもありません。また、ここではモラルを説くつもりもありません。単純に損得の話で公的年金に加入しておくのは「お得だ」と言っているにすぎません。

そもそもサラリーマンや公務員の場合には天引きされていますので、嫌でも厚生年金に（同時に国民年金にも）加入していますから問題は起きないでしょう。

問題は自営業者などです。

自営業の場合は天引きしてくれる人がいませんから、自分できちんと年金保険料を支払わないと自動的に「未加入者」になってしまいます。

また、今後、サラリーマンの方々も高齢になればなるほど「リストラ」がどんどん現実的な話として浮かび上がってきます（昨今の経済情勢を見れば言わずもがなですね）。もし、リストラされて失業をしたならば、原則としては国民年金に自ら加入しなければなりません。そんな時に「公的年金は破綻する可能性が高いから……」などと考えて未加入で放置しないようにするべきです。

さて、まず単純に国民年金は掛け金に対してのリターンは悪くない取引です。これは1章のところでもお話ししました。

それだけでも十分にかけておく（加入しておく）価値はあると思いますが、何よりも単に年金として考えるのではなく「いざという時の保険」として捉えておくことも重要です。

たとえば、事故などであなたが障がい者になった時、もし年金の支払いを滞納していたら一生にわたって（本来もらえるはずの）障害者年金（1級障害で年間99万100円）が受け取れなくなります。

不慮の事故は誰にでも、いつ訪れてもおかしくありません。

働けない状態になり、障害年金がもらえないままでも貯蓄で一生を安泰に過ごせるという方はいいでしょうが、多くの方はそうではないと思います。

また、あなたが死亡した場合の遺族年金も同様です。

ある基準以上の滞納をしていると、残された家族が本来受給できるはずの遺族年金がもらえなくなってしまいます。

私は、公的年金は老後に受給できる年金（老齢年金）もさることながら、**実は「障害者年金」「遺族年金」こそが重要**だと思っています。

それでいて掛け金に対する老齢年金のリターンも悪くないのですから、加入しないのはあまりにもったいないと思うのです。

しかし、サラリーマンでリストラされて失業してしまった場合などは、国民年金の保険料を支払うのもつらいという実情もあろうかと思います。

そのような場合には**保険料免除などの特例**もあります。「免除」の場合であっても、「滞納」の場合であっても、保険料を支払わないという点では同じですが、免除であればいざという時の障害者年金、遺族年金も支給されますし、老齢年金の支給条件の期間にもカウントしてもらえます。

公的年金というものは、どうしても世間の「かけても損」などという言葉に惑わされがちですが、**そうした噂だけで自己判断をすると、思わぬ損失を被る可能性が高い**といえます。

先ほどのように免除制度などもありますから、失業したらまず市区町村の窓口に行って相談をしてみましょう。

自営業者で未加入の方は老齢年金の取引が本当に損なのか否か？　自分が倒れて事業収入も途絶える中で障害者年金、遺族年金の権利を放置することが得策なのか否か？　一度冷静に考えてみてください。

こんな人が危ない！
年金漏れを防ぐのが最初の一歩

さて、公的年金の重要性をご理解いただいたら、次には「受給漏れを防ぐ」ということを完璧にやっておく必要があります。

年金の記録漏れなどは大きなニュースになりましたので、年金実務はかなりずさんだったということは多くの方が認識するところでしょう。

しかし、他人事と思い放置していると、頼みの綱である老後収入が（知らぬ間に）減ってしまうことになります。

これもできるだけ判断能力が高いうち――つまり、老後を迎える前に手当てしておきたい問題です。

私も実際に年金事務所に行って照合してみたら、半年ほど勤務していた会社での記録が漏れていることが発覚しました。こうした漏れがあると年金受給額にもわずかながら影響がありますし、「25年以上加入していないと支払われない」というそもそもの公的年金の受給条件を満たせるか否かという大問題にも関わってきます。

万一、その記録が漏れていたために**公的年金の「25年加入」を満たせなかったら、私は老後に年金を一切受け取れない**のです。すべて自分の預金だけでいつまで続くかわからない老後を送るとしたら、毎日生きた心地もしません。

次のような方は特に年金記録に漏れがあったり、加入記録が宙に浮いている可能性がありますので、一度確認しておくことをおすすめします。

- **名前の読みが間違えられやすい（誤った氏名で登録されている可能性あり）**
- **氏名を変更している**
- **転職が多い**
- **アルバイトをいろいろとやってきた（アルバイト先で実は厚生年金に加入している可能性あり）**
- **夫が死亡して遺族年金をもらっている妻で、夫が年金記録漏れをきちんと確認した形**

跡がない（夫の年金記録に漏れがあれば、年金額が本来より減らされている可能性もある）

実際のところ年金事務での氏名入力ミスは、読み間違えられやすい名前かどうかにかかわらず起こり得る話ですので、誰であってもきちんと確認しておくべきものだと思います。

平成22年以降は、毎年誕生月に「ねんきん定期便」が届くはずです。

特に「35歳」「45歳」「58歳」の加入者には大きめの封筒で、これまでのすべての加入記録（共済は除く）が記されています。それ以外の年齢の加入者には直近1年間の加入記録が記されています。

「35歳」「45歳」「58歳」の節目の際には、これまでの自身の会社勤務（アルバイトも含め）について記憶や記録をたどりながら照合してみましょう。

少しでも疑問点があれば電話（ねんきんダイヤル）や窓口（年金事務所、旧社会保険事務所）で相談をしましょう。

自営業者は法人化して厚生年金に加入するのも一手

ところで、サラリーマンの方は強制的に厚生年金に加入しているはずですが（一部例外はあります）、自営業者の場合には、個人事業であれば国民年金となっているはずです。

しかし、小規模であっても法人化して、会社として厚生年金に加入すれば社長自身も厚生年金加入者となります。ですから、**実質的には自営業者といっても厚生年金へ加入するという選択肢もある**わけです。

私の個人的な考えでは、1章でも述べた通り、国民年金のほうが厚生年金に比べて取引（掛け金とリターンの関係）としてはいいかなと思っています。

ただし、それは自己管理がしっかりできて、サラリーマンの厚生年金に当たる上乗せ部分をしっかり自分で運用する（貯蓄でも構いませんが）意思があればの話です。自分で事業を営んでいると忙しくもあり、そもそも人間は怠惰でもありますので、そこまで気が回らないのが実情です。

それであれば、法人化して自らも厚生年金に加入し、会社に保険料の半額を出してもらい（自分で稼いだお金なので会社負担といっても自己負担と同じ意味合いですが）、将来、国民年金よりも手厚い老齢年金を受給するというのも悪くない方法といえます。私も実際そうしています。

しかし、実は老後の年金だけではなく、**「障害者年金」「遺族年金」のことが重要に**なってきます。国民年金よりも厚生年金加入のほうが「障害者年金」「遺族年金」の受給額はかなり手厚くなっています。私などはやはり自分が障がいを負ったり、死亡した際の家族の負担が気になりますので、厚生年金を選択しています。

このように国民年金、厚生年金にはそれぞれ特徴があり、一概にどちらが有利とは言い切れないものがあります。

ただ一つ言えるのは、自営業の方には法人化して厚生年金加入の道もあるので、どちらでも自由に選べる権利があるということです。

単純に老齢年金のことだけではなく、「障害者年金」「遺族年金」も含めてどちらを選択すべきか、一度検討する必要があると思います。

加入期間の満たし方

先ほども少し触れましたが、公的年金を受給するための大前提として「25年以上加入していること」という規定があり、これに達していないと原則として老齢年金の受給ができません。

この25年には、厚生年金、国民年金への加入期間両方を足せます（サラリーマンの配偶者として扶養されていた期間＝第3号被保険者期間も足せる）。

この「25年間」というのは通算であり、しかも必ずしも実際にお金を支払っているというだけでなく、先に挙げた保険料免除期間（納付が困難な人が正式に免除されている期間）等も合算されます。

ですから、**リストラされた時に払えないから滞納するというのは最悪の選択**であり、きちんと免除を受けておくべきです。

さて、この25年間規定は、最低ここに達していないと老齢年金が受給できませんよという「資格取得」の問題です。

「いくら支払われるのか?」という問題になると、それはやはり長い期間加入しているほうが受給額が高くなります。また、厚生年金でいえば、より高い保険料を納めている(給料の高さに比例)ほうが受給額が高くなります。

「25年加入」という言葉だけを聞いて、25年加入したのだからそれで満額もらえると勘違いされている方もいますが、そうではないのです。とりあえず受給するための資格を得たというにすぎません。

さて、こうなってくると、まず問題になるのが「もう60歳になるけど諸事情があって25年間加入できていない」という方です。

こうした方は何とかして最低でも25年をクリアする方法を考えるべきです。

国民年金は20歳以上60歳未満の人が加入することが義務づけられている制度ですが、60歳以降についても65歳までは任意で加入が可能です。

25年の基準に満たない人もさることながら、加入期間を増やして受給額を満額に近づけたい人も加入できます。

ちなみに、国民年金の満額というのは４８０カ月（＝40年）加入して得られるものです。

また、25年の加入期間を満たせていない人のために、さらに**「特例任意加入制度」**というものがあります。

これは、必要な加入期間を満たせていない昭和40年4月1日以前に生まれた人が対象であり、加入期間を満たせるまで最高70歳まで任意加入できるというものです。

また、会社に再就職した場合には70歳までの間、厚生年金に加入することになりますから、それをもって25年規定をクリアするという方法も考えられます（ただし、きちんと厚生年金に加入している会社であることを確認する必要あり）。

さらに、70歳を超えても規定をクリアできていない人は厚生年金に加入している会社に勤め続けていれば**「高齢任意加入被保険者」**として加入を続けることも可能な制度があります。

とにかく25年に満たないことには話が始まりませんので、ちょっと危ないかなと思われる方は今からきちんと自身の加入期間を把握し、60歳以降も何らかの形で加入することを考えなければいけません。

年金保険料を支払う際には負担を感じるものですが、このように何とかして60歳以降も「保険料を支払わせてもらいたい（＝加入したい）」と必死になっている方もいるのですから、厚生年金でも国民年金でも保険料を毎月支払えているというのはありがたいことでもあるといえるのです。

老齢年金はいくらもらえるの？

さて、まずは受給資格の25年加入を満たすことが大前提だというのは、ご理解いただけたと思います。

次に気になるのが、**「では、自分はいくらの年金をもらえるのだろうか？」**という部分です。

実は国民年金だけに加入していた場合の計算方法は非常にシンプルですので、自身の加入期間さえわかればすぐにでも計算できます。

まずは、480カ月間フルに加入している人は、**毎年79万2100円（平成22年価額）**を受給できます。

問題は480カ月フルに加入できていない方です。

その場合は次の計算式によります。

国民年金の受給額計算式

$$792,100\text{円} \times \frac{\text{保険料納付済期間の月数}}{480\text{月}}$$

慣れていないとわかりづらいのですが、要は「本来加入していなければいけない480カ月に対して、あなたは何カ月加入していましたか?」「480カ月に対して加入していた割合分だけお支払いしますよ」ということなのです。

試しに「保険料納付済期間の月数」のところに「480」と入れてみてください。

そうすると「79万2100円×1」で答えは79万2100円となります（つまり満額）。

では、支給されるギリギリの300カ月（25年）を入れてみると、どうなるでしょうか?

79万2100に300を掛けた上で480で除しますから、約49万5000円になります。

ここから税金、介護保険料などが引かれることになりますので、すべて手取りというわけにはいきません。


これは自営業者だけの話ではありません。

サラリーマンの方は厚生年金ですが、前述の通り厚生年金に加入しているということは（知らないうちにも）国民年金に加入しているということであり、国民年金加入者なのです。

ですから、サラリーマンの方も国民年金部分は同様の計算式が適用されます。

ただし、厚生年金にも加入していますから、それが上乗せされて支給されるということです。

ところが、厚生年金については、時代とともに継ぎはぎで法律を変えて作ってきましたし、何かを改正する際には既得権益を消さないように特例を設けたりしますから、年齢によっても計算方法は変わってきます。

もらえる老齢年金の目安

生年	勤務（加入）年数	平均給与	年金額の目安
昭和31年	38年	45万円	約19万円 （62〜64歳の間、部分年金約13万円）
〃	〃	35万円	約16万円 （62〜64歳の間、部分年金約10万円）
昭和40年	38年	35万円	約16万円 （部分年金なし）
〃	〃	25万円	約13万5千円 （部分年金なし）

ですので、これは計算をしようとするよりも正直、**年金事務所に相談に行って見込み額を教えてもらうのがいちばん手っ取り早い**です。

ただし、50歳以上でないと見込み額も教えてはもらえません。

これは厚生年金部分は生涯の平均給与がいくらであったかにも大きく左右されるため、40代以下の方では「見込み」も出しづらいためにも仕方のないことでもあります。

ただし、本書は老後資金もきちんと計算しておこうというものですから、確定していないものでも「大体このくらいだろう」ということで1章の「老後資金のカンタン計算表」を埋めていただきたいと思うのです。

そこで、前ページに年齢や平均給与、厚生年金加入期間を目安として月額でこのくらいになるという例をいくつか掲げましたので、参考にしてみてください。

なお、ここで出している数字は国民年金の受給額をも加えたものになります（ここから介護保険料等が引かれますので、手取りは少し少なく見積もる必要があります）。

ただし、夫婦の場合には配偶者の分も計算に入れる必要があります。

50代以上で年金事務所で見込み額を教えてもらえる場合には、その金額を使用します。どうにも計算ができそうにないという方は、1章で出した「夫婦二人で手取り20万円程度」を使用して老後資金を計算するということでも、現段階ではよいと思います。

「長生きリスク」を消すには個人年金

いかがでしょうか?

ここまでで、老後の支出、収入などの目安、そして60歳時点での想定される手持ち資金などをもとに、大体でも「これなら何とか足りそうだ」とか「このままだと○歳以上まで生きた場合に資金が不足するかもしれない」というように、おおよその計算ができるようになったでしょうか。

「十分足りる」という方はおめでとうございます。うらやましい限りです(笑)。

そういう方はお金の心配は忘れて、4章、5章の問題に取り組んでいただければと思います。


さて、問題は「足りない!」という方です。

85歳以降足りないとか、90歳以降足りないとかいう話ではなく、65歳までの間に資金が破綻してしまうという場合には、本気で根本的な改善に取り組む必要があります。

少なくとも現段階から不要な支出を切り詰める等の対策は講じるべきでしょう。自営業の方であれば自力で収入アップも図れるわけですから、当然にそこへの努力もしていくべきです。

ここのところは正直、各人の頑張りにかかっていますので特効薬があるわけではありません。

対策できるのは「長生きリスク」についてです。

全く嫌な言葉ですが、資金のことを考える時には**「長生き」は紛れもなくリスクになる**のです。

ただし、老後資金を計算した時に年金受給開始後、年金受給額が毎月の支出を上回るという方は基本的に心配御無用です。

それこそ年金制度の破綻など特殊な事情が加わった場合は別ですが、少なくとも現行制度が保たれている限り「長生き」してもリスクにはなりません。

しかし、毎月の支出が受給年金額を上回り、85歳までは蓄えを切り崩しながら何とか持つけれど、それ以降は手持ち資金がマイナスに転じてしまうという方がいると思います。こうした不安はなるべく解消して、喜んで長生きできるように工夫したいものです。

そのための方策として「個人年金」があります。

公的年金は国の政策で行なっている強制的なものですが、生命保険会社などで販売している「個人年金」に任意で加入することができます。

この個人年金にもいろいろな種類があります。

そもそも個人年金の仕組みというのは、一定の保険料をあらかじめ支払い（一括もしくは毎月の定額で支払う）、その見返りとして規定の年齢（60歳、65歳など）に達したら毎年規定の年金が支払われるという仕組みです。

仕組みとしては単純なのですが、その受給の規定によりさまざまなタイプがありますので、加入時にはよくその内容を確認する必要があります。

大別すると**「確定年金」**と**「終身年金」**に分けられると覚えておいてください。

たとえば「10年確定年金」という場合、受取人の生死にかかわらず、10年間にわたり年金が支給されます。ほとんどが、死亡した場合でも（遺族などに）規定の10年間に達するまでは年金が支給されるという仕組みです。

また、「終身年金」のほうは「とにかく生きている限り年金を受け取り続けることができる」というものです。

しかし、逆にいえば、受け取り開始後1年で死亡した場合にはそこで受給がストップします。ほとんど掛け損のような状態になります（個人年金にもいろいろと特約があり「終身」でありながら、5年保証という形で死亡後も遺族が5年間分に達するまで年金を受け取れるなどのものがありますが、ここで説明する「終身」は、死亡したらそこで本当に支給がストップするものです）。

個人年金において「確定年金」と「終身年金」のどちらがよいのか？　実はそれぞれ特徴があり、どちらが優れているか否かというのはここでは問題にはしません。

損得だけで考えるならば、たとえ自身が早く死んでしまっても遺族が年金を決まったところまで受け取れる「確定年金」のほうがよいかもしれません。「終身年金」は受給開始後すぐに死亡したら、大損もいいところです。

しかし……ここで問題にしているのは「長生きリスク」です。

確定年金では、うれしいことに長生きできた場合に、規定の年数が過ぎれば年金支給も終わってしまいます。これでは長生きリスクの手当てにはなりません。

一方の終身年金は確かに早く死んでしまった場合には、保険料の掛け捨てにはなりますが、万一とてつもなく長生きできた場合には、生きている限り年金受給ができるのですから安心して120歳まででも生きられます。

そういう意味で、老後資金の計算において「毎月の支出額が年金受給額を上回り、年を経過するごとに資金が0に向かっていく」という状態の方には終身年金がおすすめです。もちろん、そのためには終身年金の受給額と公的年金の受給額を合計したものが、毎月の支出を上回るようにしておかなければ意味がありません。

個人年金の終身型でこの形を作ることができれば、本当に安心して長生きを望めるようになるのです。

なんだか長生きまでリスクとして捉えなければならないのは悲しい話ですが、これからの時代の大問題であることは間違いありません。

4

章

「財産管理」
「成年後見制度」
「尊厳死の宣言書」

心身の自由が利かなくなっても
自分らしく生きる

自分の心身をコントロールできなくなる日

前章までの内容は、老後資金をしっかりと把握し、それに対処するためのノウハウでした。しかし、そうしてせっかく確保した資金がもし誰かに奪われてしまうようなことがあったらどうでしょうか？

若いうちならいくらでも取り戻すために頑張ることも可能です。

しかし、**心身ともに衰えてくる老後に財産を失うようなことがあると、ダメージはあまりに大きい**ものとなります。

実際、心身の衰えとともにそのような被害に遭う確率が年々上がっていきます。

私は行政書士という仕事をしていますが、その業務の一つに内容証明郵便を作成するというものがあります。内容証明郵便というのは訪問販売等で不要な商品の購入契約をしてしまった際にクーリングオフ（解約）するために必要な文書です。

法律で定められた期日内であれば、内容証明郵便を業者に発送することで無条件に契約解除ができるのです。

5年くらい前まではそうした業務に積極的に取り組んでいた関係で、訪問販売や悪徳商法の被害についての相談も数多く受けてきました。

大体の案件では、先の内容証明郵便を適確な文面で差し出すことにより契約を解除して被害を防げていました。

しかし、なかでも高齢者の親族からの相談で「一人暮らしの伯母さんが、次から次に高額商品やサービスの契約をさせられて大事な預金がどんどん減っている」というものが、ままありました。

この場合、期日を過ぎてしまっている契約は現実的には解約が難しかったり、法的には解約を実現できても相手方から代金を返金させるのは至難の技になったりします。

しかも、当の騙されてしまった高齢者の方自身があまり「騙された」ということは認めたがらず「必要だから買った」と、手つかずに積まれた高級布団に囲まれた中で言ったりします。

でも、そういう気持ちも十分にわかるのです。

自分が歳をとり、判断能力が衰えている中で一人暮らしをし、訪問してきた一見親切そうな営業マンと話しているうちについ契約書に印鑑を押してしまう。後から気づいてみればいらない商品がどんどん送られてきて、大事な預金が減っている。

周りが見かねて「何でこんなもの買ったの！」と騒ぎたてられたら、私もきっと「必要だから買ったんだ」と悔しさをこらえながら、声を絞り出すような気がするのです。

誰だって、自分の能力が衰えていることを指摘され騒がれたら、認めたくはありません。判断能力が衰えた高齢者を一人で生活させていることがやはり問題なのです。

ところで、私たちは老後、どのくらいの確率で心身の自由を失うことになるのでしょうか？

これは個人差もあり、かつ統計も一律ではありませんが、公益法人「エイジング総合研究センター」がネット上で公開している資料をもとに考えますと、70歳代後半で認知症の出現率が10％前後、80代前半で20％前後、85歳を過ぎると50％前後にもなるようです。また、要介護の出現率については、70歳代後半で十数％、80代前半で30％前後、85

歳以上では60％近くにもなるようです。

別に悲観的になる必要はありませんが、冷静に見て、**老後に自身の心身の自由が失われる可能性は非常に高い**という心構えは必要だといえます。

そして、身体が動かなくなったり、判断能力が失われれば、先の事例のように財産管理も適切にはできなくなってくるのが実態です。

本章では、誰にでも十分起こり得る、心身の衰えに伴う財産や自分の身上監護をどう守っていくのかというお話をさせていただきます。

財産管理は誰に任せるべきか?

これまで、配偶者以外の人間に自分の財産管理を任せていたという方は非常に少ないのではないでしょうか?

しかし、高齢になると、頭はしっかりしていても身体が思うように動かないという状況になることはよくあります（もちろん、認知症を発症してしまい、判断能力が衰えた時も同様に財産管理の問題が出てきます）。

そうなると、簡単な支払い一つでもままならなくなるのが実情です。

そんな時は**自分の財産管理を「誰か」にお願いせざるを得ません**（配偶者が元気なうちはよいのですが）。

ところが、他人に財産をこれまで預けたことなどない身としては、自分の通帳、お財布が他人の手に握られるというのは寂しいを通り越して、不安な気持ちになります。

たとえ、それが自分の実の子供であったとしてもです。

子供に入院費の支払い等を一任するために通帳を渡していたら、いつの間にか残高がどんどん減ってしまった……なんていうことも多々あるのが現実です。

逆に、子供が財産管理をしっかりやってくれたのはいいが、その子供が他の兄弟から「あいつは、一人で親の財産をいいように使っているようだ。相続財産も狙っているんだろう」などと疑いの目で見られるのもまたよくあるケースです。

こうした問題の解決方法は一つ。財産管理をしてくれる子供との間で財産管理に関する契約を締結し、きちんと**『財産管理等の委任契約書』**を作成しておくことです。

親子の間で契約書なんて水くさい！　と思ってしまいがちですが、これが子供が必要以上に財産を目減りさせてしまったり、一所懸命にやってくれているのに他の相続人から白い目で見られないようにするための最善策なのです。

契約というくらいですから、どんなことを行なうのか（一口に財産管理といってもいろいろなことが考えられます）、それに対する報酬なども決めていきます。

身内ですから報酬は「なし」ということでもよいのですが、それであれば遺産をその分少し多くあげるように遺言書を作成しておくなどの配慮が必要です。

言ってみれば、**財産管理を「仕事化」してしまう**のです。

ドライなようですが、仕事（義務と報酬の関係）にしてしまえばこそ、変なトラブルが起きにくくなるのです。他の相続人も、契約内容に従って財産管理を行ない、規定の報酬をもらっている分には文句も言わないでしょう。変な中傷に晒されたり、兄弟間に不仲を起こさずに済むはずです。

また、契約書が存在することによって、管理者が不当にお金を引き出したりすれば、他の人から見ても不正が一目瞭然になります。きちんと報酬も支払う代わりに、毎月、通帳などを添えて報告をさせることにより不正も防げるのです。

このように、**財産管理は身内同士でもあえて「ドライ」にしておくことがお互いのためになる**のです。

もしくは、どうせドライに処理するものであれば、専門家に財産管理者になってもらうというのも一つの方法です。子供も仕事が忙しいなどの理由で、親の財産管理を任されることが負担になるケースがあります。相続人間での変な感情が発生するのを防ぐためにも信頼できて、きちんとやってくれるプロに頼むのです。

私のような「行政書士」、あるいは「弁護士」「司法書士」なども受任してくれます

（しかし、各事務所によって方針は異なりますので、すべてのこうした専門家が引き受けてくれるわけでもありません）。専門家に頼んでしまうほうが安心で気兼ねもない、という方も最近では多くなってきました。

なお、この「財産管理等の委任契約」は、**元気なうちに自分が信頼できる相手との間で結んでおいたほうがいい**でしょう。その際は、この後でお話しする「任意後見契約」もセットにして作成しておけば、「身体が動かなくなった場合」「判断能力がなくなった場合」などの段階に応じて効力が発生しますので安心です。

事前に契約を結んでも、実際に自分で財産管理ができるうちは通帳もお財布も管理者に渡す必要はありませんし、報酬も発生しません。

ですので、こうした契約は早いうちに結んでおいたほうが、いざという時に自分の信頼している人にお願いができるという点で安心といえます。

契約内容ついては（管理者を身内にする場合でも）、各人の状況や希望に応じて適切なものを作成しておくべきですので、契約書作成部分だけでも専門家に相談・作成を依頼されることをおすすめします。

「成年後見人」って何をしてくれる人？

さて、財産管理人からもう一歩進んだものに「成年後見人」があると考えるとよいと思います。

心身が不自由になった時にまず困るのが先の財産管理の問題ですが、人間が生きていくためには財産管理の他にもたくさんの法律行為が必要です。

介護保険の申請をしたり、老人ホーム等の施設入居を決めたり、実際にその契約を結ぶといったことも法律行為です。言葉は堅苦しいのですが、私たちは毎日多くの法律行為を重ねて生活しているのです。

身体が思うように動かないというだけなら、誰かと財産管理契約を結んでおけば事足りますが、**判断能力が衰えた場合にはそれだけでは不十分**です。

もし、認知症等で判断能力が失われた、あるいは自信がなくなったという場合にはさまざまな法律行為も誰かに代理してもらう必要が出てきます。

その代理をしてくれるのが成年後見人であり、そうした制度を**「成年後見制度」**と呼んでいるのです。

しかし、この制度のことはニュース等で耳にしていたとしても、詳細まではなかなか把握されていない方が多いのではないでしょうか？

そもそも成年後見人はどんなことをしてくれるのか？　という部分からして、はっきりとはわかりづらいものです。

よく勘違いしてしまうのが、介護など身の回りの世話をやってくれるのだろうということですが、これは違います。

成年後見人が直接に入浴の介助をしたり、食事の用意や洗濯をしてくれるということはありません。それは、ヘルパーさんなどが行なう仕事です。

成年後見人が行なうのは「身上監護」と呼ばれる行為です。

わかりやすく言えば、**「あなたを代理して、あなたの身の振り方を最もよい形になるように考えて実行してくれる人」**なのです。

もし、あなたが介護施設や老人ホームに入る必要性が生じた際には、残された財産状況などまで踏まえて施設を選択し、それらの手続きも代理して行ないます。

また、悪徳業者に騙されて高額の商品購入契約をしてしまった時には代理して取り消し手続きをしたりもします。

いくら認知症などで判断能力が低下していても、成年後見人がついていないと、現実的にはそうした契約の取り消しも困難になるのは先にも述べた通りです。

老後にそうした形で財産を失ってしまうと、その後の施設選びなどでも選択肢が狭まってしまい、快適な老後を過ごせない、家族に遺産を残してあげられない……などということにもなってしまいます。

法定後見と任意後見の違いは？

さて、そんな成年後見人なのですが、実は一口に「成年後見人」といっても、二つの種類に大別されます。**「法定後見人」**と**「任意後見人」**です。

結果的に二つの後見人がやるべきことはほぼ同じなのですが、では、いったいどんな違いがあるというのでしょうか？

それは、**あなたが後見人を自らの意思で指定するか、しないか**の違いです。

もし、あらかじめ後見人を指定しておかない状態で認知症を発症して判断能力が失われた場合、誰か（親族等）が裁判所に申し立てをすることによって、あなたの後見人が裁判所によって選ばれます。

誰が選ばれるかは状況により異なりますが、親族か、もしくは弁護士、司法書士といった専門家、あるいは一般市民の中で登録している人です。

残された財産の中から、選ばれた人が報酬を受け取りながらあなたを後見します。

一方、「任意後見」というのはあらかじめあなたが誰かと後見契約をしておき、その時期（判断能力が低下した時）が実際に来たら、効力が発揮されて「後見」が始まります。後見人への報酬もその時から発生します。もし、あなたが亡くなるまでの間に判断能力が失われることがなければ、この契約は発動しないまま終わります。

これは法定後見と違い、あくまで任意の契約によるものですから、報酬額などもあらかじめ契約書の中で定めておきます。

この任意で後見人を決めておくべき場合も、親族を後見人として契約する人もいれば専門家と契約を結んでおく人もいます。

専門家にお願いする場合は、月額3万円程度が一般的ですが、たとえば不動産の収益物件をたくさん持っていて、それらの管理も含む場合には10万円程度になることもあります。

親族に頼む場合は「無償」というケースもあります（任意ですから、お互いが納得すればその額でいいわけです）。

ただし、成年後見というのは思いのほか、各種手続き、法的判断、介護関連の法的知識が必要になるものですから、最近では専門家に依頼するケースが増えているようです。最初は親族の方も気軽に「私が後見人になるよ」と言ってくれるのですが、実際にやり始めてみると仕事を持っている人にとっては大きな負担になったり、後見人に就任した人の配偶者の理解が得られず（かなりの労力と時間を割かれるため）、家庭内不和の原因になってしまうこともあります。

ですから、親族が後見人になる場合は、その人に**後見人の仕事というものをあらかじめよく知っておいてもらう**必要があります。

そして、その上で報酬額を決める、あるいは遺産相続で優遇することを約して遺言書を作成するといったことが大切になってきます。

老後を迎える時に、このように契約で後見人をあらかじめ決めておくか（任意後見）、それとも一切決めずに、判断能力が低下した時に誰か周りの人が裁判所に申し立ててくれることを期待して、その後に裁判所のほうで無作為に後見人になる人を決めてもらうか（法定後見）というところが、まず大きな選択となります。

私の意見を申し上げますと、やはりあらかじめ**自分がいいと思う相手と任意後見契約**

を結んでおくことをおすすめいたします。

なぜ、そうなのかといえば、その場合であれば後見人はあらかじめあなたの希望を聞いておき、それに添った判断をしていけるからです。

たとえば、あなたが専門家と契約を結び、

「財産を多く残すことよりも、いい施設に入って快適な余生を送りたい。私はあまり田舎暮らしをするのは好きではないので、施設も都会的なところで寂しくないほうがいいなあ。判断能力が落ちても昔からの友達くらいはわかるだろうから、友達にも遊びに来てほしいし……」

という希望を伝えておけば、後見人はその時の財産状況を勘案しながら、最も適切な判断を下して、実際に手続きをしてくれます。

これが判断能力を失った後に裁判所が選任した後見人がついた場合、そのように判断してくれるかはわかりません。老人なのだから自然に囲まれた静かなところが希望だろうと勝手に考えて、施設選びをするかもしれません。

また、契約もなしに親族（相続人）が後見人になった場合、その後見人が自分勝手な人だと、相続財産を多く残しておきたいがために介護にはできるだけお金をかけないようにしようなどと考えるかもしれません。

どのような形であれ、自分が判断能力を失った場合には誰かに後見してもらわなければなりません。それならば、専門家であれ親族であれ、あらかじめ自分の意思を伝えられるうちに特定の人と「契約」をしておいたほうがよいのは間違いないでしょう。

また、専門家にしろ親族（主には相続人）にしろ、任意後見にしろ法定後見にしろ何らかの形で後見してもらうには、自身の財産の中から報酬を捻出することになります。**実際の報酬支払が発生するのは、自分が認知症を発症して判断能力を失ってからですから**、それまでは契約はしておいても月額の出費が出るわけでもありません。

そうしたことを勘案して考えても、やはり任意後見契約を誰かと結んでおいたほうがメリットが大きいですし、何より「いざとなれば、任意後見契約で信頼できるあの人が私にとってよりよい選択をしてくれる」と思えればこそ、安心の老後を暮らせると思います。

「ボケてしまった後のことは自分でもわからないのだから、どうなっても構いやしない。今からあらかじめ準備などせず、なるように任せるさ」という考え方もあるにはあるのですが、**実際には認知症を発症したからといって「あとは何も自分ではわからなくなる」というのは間違い**です。

もう一切合切、判断も認識もできない状態というのは稀であり、ほとんどが判断能力が失われている時もあれば、そうでない時もあるという状態です。

つまり、認知症になった後でも「快」「不快」を感知する能力はあるのです。

本書は「自分のための終活」の本です。

繰り返し書いていますが、老後は長いのです。判断能力が衰えた後も10~20年の人生が待っているかもしれないのです。そんな老後の自分のためにも、今から適切な準備を進めておくことをおすすめする次第です。

なお、後見人との任意契約は必ず「公正証書」で行なう必要があります。公正証書というのは、公証人役場（市町村に1カ所ずつあるのが一般的）で作成するものです。

先の「財産管理等の委任契約」は必ずしも公正証書で行なう必要はありませんが、後のトラブルを防止する意味でも、**両方ともセットで公正証書で作成しておくのが理想的**です。

任意後見契約ではどんなことを決めておくのか？

ところで、具体的には後見人には、どのようなことをしてもらうのでしょうか？

基本的には「ありとあらゆる事項」ということになります。財産管理はもちろん、必要に応じて被後見人のメリットになる形で、不動産の売買を代わりに行なうこともあります。また、税金の申告・納税や登記手続きなども行ないます。時として裁判の原告や被告となる訴訟行為も代理人として行ないます。

後見人には通帳やキャッシュカードもすべて預けます。

判断能力がきちんとある現段階でそう聞くと、誰でも自分の人格がすべて否定されたような少し不快な気持ちにもなります。しかし、だからといって**赤子と同じ扱いというわけではない**のです。

赤子は預金も、これまでの人生で抱えているものも持ち合わせていません。しかし、あなたには何十年もの長い人生の積み重ねで獲得した資産や実績、社会的地位、人間関係が存在します。大人であるからこそ、自ら判断能力を失った後のことを考えて通帳もキャッシュカードも他人に預けるという高度な選択ができるのです。

通帳やキャッシュカードを取り上げられるのであれば赤子と同じだと、屈辱的に考える必要は全くないのです。**自分の置かれた状況を冷静に分析した結果の高度な結論であると考えるべき**でしょう。

先ほど後見人は「ありとあらゆる事項」についてあなたを代理して行為を行なうと書きましたが、いくら「ありとあらゆる事項」といっても、本人の一身に関わること――たとえば、○○さんと結婚するなど――についてまで、代理して手続きできるわけではないことは言うまでもありません。

しかし、それ以外の事項をすべて委任するわけですから、よほど信頼できる相手を自ら選ばなければならないのだということはおわかりいただけると思います。

もし、後見人として専門家を選ぶ際には「人間的に信頼できる」ということはもちろん、介護・福祉関連の法的知識、ファイナンシャルプランニング等のお金に関する専門知識を有しているかどうかという部分を重視すべきです。

尊厳死は本人の問題だけではない

さて、「終活」の中でもいちばん重たく難しいのが、本項の「尊厳死」についてです。

今、私の手元には2010年11月4日付けの朝日新聞があります。その中に「死生観」について世論調査をした結果が掲載されており、非常に興味深い結果がいろいろと載っています。

「死に備えて準備しておきたいことは？」（複数回答）という質問に対して、いちばん多い回答は「身の回り品の整理・処分」で61％。これは予想通り順当な回答でしょう。

次いで多かった回答が「延命治療の意思表示」で52％です。

「遺言書の作成」が19％にとどまっている中で、延命治療の意思表示が52％もあるというのは少し驚きです。

おそらく、意思表示というくらいですから、こう回答した方のほとんどは**延命治療を拒否する――つまり、尊厳死を選択する**という意味だと思います。

遺言書の作成は世間の多くの方が知っている事項であることを考えると、終活の中で延命治療の意思表示をその倍以上の方が優先事項と考えているのは、よほど「尊厳死」の認知度が高まってきているのだと考えてよいでしょう。

実際、「万一の場合は尊厳死を望みますか？ それとも、最後まで延命治療することを望みますか？」と聞いてみると、ほとんどの方は尊厳死を望むと言います。

ところが、この「尊厳死」は言葉としては相当に浸透しているものの、その定義となると、実はなかなか難しいものがあります。

類似した言葉で「安楽死」というものがありますが、これはどちらかというと苦痛から逃れさせるために、積極的に死を招くための措置を講じることを指すと考えてよいでしょう。よほど例外的なケースを除いて、日本では安楽死が合法と認められることはありません。

一方の尊厳死も、それについての法律があるわけではありませんので、完全な定義は存在していませんが、**「治癒が不可能で回復の見込みがなく、死が避けられない末期状態において、延命のための治療を行なわず自然な死を迎えさせるもの」**と考えてよいでしょう。

２００９年12月、尊厳死に関する大きな裁判の結論が出ました。

「川崎協同病院事件」と呼ばれるもので、１９９８年のある日、心肺停止状態で同病院に運ばれてきた男性はその後も意識が回復せず、担当した女性医師は「脳死状態」と判断して家族の前で気管内チューブを抜き、筋弛緩剤を投与して臨終を迎えさせました。

この女性医師が殺人罪で訴えられ、一審二審ともに殺人罪の判決を下しました。

そして、２００９年12月に最高裁が上告を棄却したために、殺人罪の判決が確定したというものです。

本書はこの裁判における判決内容の妥当性について議論することが主旨ではありませんが、このように自らの延命治療に関わった人々が、場合によっては殺人罪に問われる可能性があるのだということを知っておく必要があります。

先ほど、日本には尊厳死についての法律はないと申し上げましたが、過去の判例である程度の基準が示されています。それによれば、尊厳死（医療行為の中止）が認められるためには３つの要件があり、次の通りです。

①患者が現代医学では治療不可能な病気に冒されて回復の見込みがない末期状態にある
②自然死を迎えさせる目的に沿った決定である
③患者の「延命治療の中止」についての意思表示が認められる

この中で重要なものが、③の患者自身の「延命治療の中止」についての意思表示です。これがないと医師は、尊厳死の希望を叶えることは困難といえます。先のような判例（医師の殺人罪）が出てしまえばなおさらです。

そして、これは実は医師だけの問題ではありません。家族も同様に――いえ、医師以上に悩み、苦しみます。

自分の家族がもはや現代医学ではどうにも救いようのない状況に陥った時に、あなたは尊厳死をさせるか否かの選択を行なうことができるでしょうか？

もし、尊厳死させることを選択し、それが実行された場合、後々までその選択について悩み、一生後悔し続けるかもしれません。

しかし、患者本人の意思（尊厳死を望む等）が確認できる自筆の書面があったらどうでしょうか？　何もない時に比べて、はるかに少ない負担で本人の希望を叶える方向に決断できるのではないでしょうか？

医師も殺人罪との葛藤で悩むことはなくなります。

このように、自身の終末期における延命治療の意思表示については、もちろん自分のためでもあり、**周囲のお世話になった医師や愛する家族の負担を和らげるためのものでもある**のです。

自分のための終活とはいえ、こと一人の人間が殺人罪に問われるか否か、家族が一生後悔の念を持ち続けることになるか否かの問題ですから、やはり尊厳死については書面による明確な意思表示をしておきたいところです。

本当に尊厳死を望みますか？

先の世論調査が示す通り、多くの方が「尊厳死を望む」としています。

しかし、私がいろいろな方に「尊厳死の宣言書を書きますか？」と実際に聞いてみますと、多くの方が「まあ、もう少し考えてから」と答えます。

話を自分に置き換えてみますと、私ももう回復の見込みがない状態の時に延命治療を続けることを望むかと問われれば「望みません」と答えます。

では、実際に私が「尊厳死の宣言書」を書いているかといえば、実はまだ書いていないのです。

まだ40代とはいえ、人間いつどうなるかわかりませんから、本当は真っ先に書いておけばよさそうなものですが、やはり「死」は怖いものです。

いざ、「尊厳死の宣言書」を書こうとすると、子供の顔が浮かび「まあ、もう少し考えてから」と思ってしまうのです。

でも、これが実際のところだと思います。

何だか「終活」というと、尊厳死の宣言書をまず書いて……なんて思ってしまうのですが、私はじっくりと考えてからでもいいと思うのです。

いざとなれば人間、何がなんでも生きていたいと思うかもしれません。

決して時流に流されず、本当に書いてもいいという気持ちになってから書く、ということでも構わないと思っています。

尊厳死の宣言書の書き方

さて、では実際に尊厳死に対する自分の態度が決まり、書こうと思った場合です。

実は**「尊厳死の宣言書」に決まった書式というものはありません**。どのように書こうとも自由です。

本書の巻末にある「エンディングノート」の中にも尊厳死についてのページを掲載してあります。

これなどはシンプルに必要最低限の文言を織り込んでありますので、ここに署名・押印するだけでも意思表示となるようにしてあります。

しかし、できることであれば**「なぜ、尊厳死を望むのか？」といったあなたなりの理由**も付記したいところです。医師にとっては本人の意思が確認できればそれで事足りますが、家族にとってはやはり「納得できる」ことが重要です。

たとえ数日間であったとしても、愛する家族の命を縮めることの罪悪感は計り知れないものがあります。

ですから、たとえば次のような一文を書き添えておいてもよいと思います。

「私は自分の父親が意識もない状態で、自分が何者なのかもわからない状態で、ただ心臓が止まらないようにするためだけに何本ものチューブにつながれて生き長らえさせられている状態を見て、非常に悲しく思った経験があります。

私は人間には『死に時』というものがあると考えています。ですから、回復の見込みがない状態になりましたら、それが私の『死に時』です。どうぞ最後の望みを叶えてもらえればうれしく思います」

これであれば家族も、涙を流しながらでも決断をしてくれると思います。

家族に変な罪悪感を残すことなく、あなたの意思が尊重される確率も高まります。

このように、「尊厳死の宣言書」というものは紙切れ1枚ではありますが、**本人の生死を決定し、周囲の人々にとっても大きな決断を迫られる代物**です。

ところで、この尊厳死を巡っていちばん最悪な状態といえるのは、その尊厳死の宣言書が本当に本人が書いたものなのか？　という疑問が生じた時です。

なかには、早く遺産を相続したいがために尊厳死の宣言書を偽造する人がいないとも限りません。ですから、これは本物かという疑義が持ち上がる可能性もないとは言い切れません。

これを防ぐためにいちばんよいのは、家族にも尊厳死についての意思を事前に伝え、同意をしておいてもらうことでしょう。

尊厳死の宣言書について書かれている本などでも、多くが「意思をあらかじめ家族にも伝え、同意を得ておくこと」と、アドバイスがされているはずです。

ただ、私などは**必ずしもそれが最良の判断だとは思えない**のです。

確かにそれがいちばん「確実に尊厳死できる方法」だとは思います。しかし、売買やら賃貸やらの契約書ではないのです。家族の生死に関わる問題なのです。

もし、あなたが自分の子供から「いざという時は尊厳死を希望しているから。お父さんも同意してくれよな」と言われて、気軽に「よし、わかった。心得た」などと答えられるでしょうか？　私にはとてもできません。

もちろん、論理的には、私もいざという時には尊厳死を選択するのが最良の方法だと思っています。しかし、自分の分の尊厳死の宣言書も未だに書けずにいるというのに、息子や娘から「いざという時は尊厳死を望むから」と言われても、簡単に同意することなどできません。

私の個人的な考えとしては、**尊厳死の宣言書はひっそりと書いておくもの**だと思っています。事前に家族に対して、尊厳死を了承するように迫るという酷なことをするものではないと考えています。

結果として自分が終末期を迎えた時、尊厳死の宣言書が存在しているにもかかわらず、家族が反対することもあり得ると思っています。そうして実際に延命治療が行なわれて、自分は意識のないまま生き長らえる。いいえ、多少の意識はあり、苦痛に耐えながら生き長らえるということになるかもしれません。

しかし、それはそれで運命というものですし、**ある意味では家族にそう判断してもらえて幸福とも考えることができます**。

ですから、自分の意思としては尊厳死である。それはそれで書面に残しておく。そして、本当の最終判断は家族に委ねるという「他力本願」でもよいと思うのです。

もし、そう思えるならば、あらかじめ家族に同意を得るということをしなくても構いません。「死ぬことに同意して」と家族に迫るのは、それこそ過度の負担を与えることになりかねません。

「自分が意識のない状態になったら、このノートを見て。いろいろと自分の考えを書いておいたから」と、さりげなく「いざ」という時に家族の目に留まるようにしておけば十分ともいえます。

ただし、前述のように本当に本人が書いたのか？　などという疑義が生じたら目も当てられませんから、少々の工夫が必要です。

できればカメラのセルフ機能を使うなどして、**書いた「尊厳死の宣言書」を手にして写真を撮り、それをエンディングノート内に貼りつけるなり、尊厳死の宣言書と一緒に置いておくなりしましょう**。それだけで変な疑義が生じることがなくなります。

もっと慎重を期すならば、任意成年後見契約のように、公証人役場で尊厳死の宣言書を公正証書化しておくという方法もあります。公証人が本人の意思を確認しながら作成したものであれば、やはり疑義が生じる可能性はほとんどなくなります。

また、重い病気等で入院し、入院時にはまだ意識がしっかりあるという時には、担当医師には尊厳死の宣言書のコピーをあらかじめ渡しておきましょう。家族とは違い、医師はその意思を事前に伝えられたからといって思い悩むことはありません。

昨今では本人の意思が確認できる書面があれば、多くの医師が本人の希望に添って無理な延命治療は避けてくれるはずです。

しかし、人工呼吸器などをいったんつけてしまった場合には、後で尊厳死に対する本人の意思が確認されても、改めて人工呼吸器を外すという「積極的」な措置を講ずるのは難しくなる場合がありますので、できるだけ早めに意思表示を兼ねて書面を渡しておきましょう。

尊厳死については、下記2点を頭に入れておきたいものです。

①家族には、いざという時まで心理的負担はできるだけかけないようにする

②医療関係者にはできるだけ早めに尊厳死に対する意思を表示しておく

これが、いちばんスマートな終末期のあり方ではないかと思うのです。

5

章

「遺言書」
「エンディングノート」
正しく作れば
死後の評価も上々!

最後の「自分始末」

これを読まれている方は、もう何十年も生きてこられているはずで、おそらく今までに、細かいことも含めれば何百・何千という「始末」を人生の中でつけてこられたはずです。

小学生の頃、宿題をやっていかなければ皆の前で先生に怒られ恥をかく。悪さをすれば体育会系の怖い先生に往復ビンタをされる。それは自分の行ないに対する始末をつけた瞬間です（もっとも、最近の学校の先生は手をあげることもできませんから、子供たちは自分の行ないに始末をつける機会が減っているのかもしれません）。

社会に出てからは、仕事を通じて失敗をすれば、先方に丁重に詫びを入れに行き始末をつけ、所帯を持ってから浮気をすれば、奥様か浮気相手に対して何らかの始末をつける事態になったことでしょう。

逆に、よいことをすれば、皆の前で褒められたり表彰されたり。

仕事で会社に貢献すれば、給料や出世という形で評価を受けたり。よきにつけ悪しきにつけ、人生で自分が起こした振れ幅には相応の始末がつけられることになると相場は決まっています。

作家の曽野綾子さんが『自分の始末』（扶桑社新書）という本を出しており、私はこのタイトルが大好きです。終活というのは、まさに**これまでの自分の人生に始末をつけていく作業ともいえる**のです。

しかし、人生で唯一、自分自身では始末をつけられない場面が自分の「死後」です。財産一つとってみても、死ぬ時にプラスマイナスが完全に「0」という人は皆無でしょう。

それがプラスであってもマイナスであっても、自分の死後に相続人たちが何らかの始末をつける必要があります。

プラスの財産であっても、相続人が三人いるのに遺産が「家1軒のみ」であれば、話はややこしくなるのはご推察の通りです。

本来であれば、「家は長男家族が住み続けなければならないから長男が相続し、長男は二男・三男に遺留分同等の金額を支払いなさい」とでも指定しておけばよい話です。ましてやマイナスの財産（つまり、負債です）があれば、なおややこしくなります。相続というのはプラスの財産だけを指すのではありません。負債も含めて相続人は引き継ぐことに法律で決められているのです。

確かに「相続放棄」という制度があり、プラスもマイナスも一切の相続を放棄するという手段を相続人はとることができます。

しかし、マイナスの財産について何も伝えずにあの世に旅立ってしまう人も多く、負債の存在に相続人が気づかず期限内に相続放棄をしなかったために、後に発覚する負債に苦しめられるという事態もありがちです。

また、無事に期限内に相続放棄をした相続人たちも「まったく……」とブツブツ言いながら裁判所を何往復もして手続きをしています。

「まったく、父さんは最後の最後まで自分で自分の始末をつけられないんだよ……」と言われても、あの世からは反論できません。

本書は「自分のための」終活を提唱していますが、**死後であっても自分の評価がガタ落ちでは無念というもの**です。

よく、「人は死んでも、その人のことを知っている人が生きている限り生き続ける」ということが言われます。これは確かな話で、誰かがあなたのことを覚えている限り、あなたの功罪は語り継がれるのです。

ですから、油断することなく自分の最後の「始末」をつける必要があるのです。

それが遺言書、エンディングノートの作成ということになります。

「ありがとう」の一言はすべての傷を癒す

さて、遺言書・エンディングノートについての実務的な話を始める前に、一つだけ重要なことをお話しさせていただきます。

普段、家族に向かって真剣に「ありがとう」と言う機会は少ないと思います。特に男性は苦手なセリフかもしれません。

しかし、言葉では言えなくても構いませんので、遺言書・エンディングノートのどこかに必ず、**残される家族に対して「ありがとう」「みんなのおかげで楽しい人生だったよ」という感謝の言葉を入れていただきたい**のです。

緩和医療医としてホスピスで1000人以上の死を看取ってきた大津秀一氏は、「ありがとう」という言葉は、「何もしてあげられなかった」と後悔しがちな残された周囲の人の心を救うものだと述べています。

逝く家族を看取る側は、一所懸命に看病などを頑張っていたとしても、心のどこかに先に逝かせてしまうことに申し訳なさ、後悔の念を持ってしまいます。生前もっとこうしてあげればよかった……、あんなことを言わなければよかった……と、次々とさまざまな想いが込み上げてきて、心の整理がつけられない状態になります。

しかし、不思議なもので先に逝った人からの「ありがとう」のメッセージを受け取ることで、そうした傷は癒されます。**感謝の言葉には、どんな薬でも最新医療でも治せない心の傷を癒してくれる効果がある**のです。

ですから、家族と非常に仲良く暮らせてきたという人でも、妻や子供たちと心のすれ違いが多かったという人でも、問答無用に遺言書・エンディングノートのどこかに、きちんと妻の名前、子供たちの名前、兄弟の名前を入れた上で、それぞれに「ありがとう」の一言を入れる。そのことだけ忘れないようにしてもらえればと思います。

遺言書でできること

遺言は法律に則った行為ですので、あなたが書く遺言書には法的効果が発生します。通常の法律行為は、相手があって合意の上で成り立つものがほとんどです。しかし、遺言は単独行為ですので、原則としてあなたの意思通りに事が運ぶものです。まさに自分の始末をつけるにふさわしい道具といえます。

さて、遺言書でできることは主に次のように分類できます。

・相続人に相続させる財産の分配・方法を指定する
・相続人以外の人に財産を遺贈する
・子供を認知する
・特定の相続人に相続をさせないよう廃除する

一つ目の「財産の分配・方法を指定する」というのは、よくある一般的な遺言書です。

「一切の財産を、妻山田花子に相続させる」

「○○の土地を長男山田太郎に、預金2000万円を二男山田次郎に相続させる」

というような指定をします。

また、相続人ではないがお世話になった人などに遺言書内に記載することによって「遺贈」（自分が死んだことを条件に財産を贈与する行為）することも可能です。

身寄りのない方が、自分の死後、特定の団体に寄付をするということも遺言書を使って多々行なわれます。


また、財産分配以外にも遺言でできることがあります。

その一つが子供の「認知」です。実は愛人がいて、妻には内緒の隠し子がいるという方も世の中には少なからずいます。その子のために早めに認知をしたいのは山々でも、生前は妻の手前、できないという実情もあるでしょう。しかし、自分の死後であれば、妻や家族には申し訳ないけれどもできる、というのも正直なところです。

そんなの不誠実だという意見もあるでしょうが、**生身の一人の人間がこの世で何十年**

も暮していれば、それこそプラスもマイナスも含めて、さまざまな営みをしているはずなのです。そんな営みに始末をつけるものの一つが遺言書なのです。

もし、遺言書で認知を行なう場合には、その子供をきちんと特定できるように母親の氏名等必ず記載するべき項目がいくつかあります。

また、その遺言内容を執行してくれる「遺言執行人」を遺言書内で定める必要があります。記載内容は次のような感じになります。

一、遺言者山田一郎は鈴木京子（昭和○年○月○日生）との間に生まれた次の子を自分の子供として認知します。

住所　氏名　生年月日　本籍地　戸籍筆頭者名

二、この遺言の執行者として次の者を指定する

住所　埼玉県所沢市○○町○○番地

行政書士　丸山 学

ただし、こうした特殊事例の遺言書を作成する場合には、公正証書で作成するか専門家の指導のもとに作成を行なってください。

自分だけで作成できる自筆証書遺言の方式で一人でもできないわけではありませんが、もし間違いなどがあった場合には、妻には愛人・隠し子の事実が発覚した上、適正にその子供が認知されないといった悲劇が起こりかねません。また、遺言執行人とも十分に協議をしておく必要があります。

その他、自分に対して著しい非行（暴力や暴言など）があった相続人を、相続人から廃除する旨を遺言することも可能です。

生前に廃除を行なおうとすると何かと差し障りがある場合（暴力がエスカレートするなど）には、遺言書で権利をはく奪するようにしておくのがいい場合もあるのです。

こうした場合にもやはり公正証書で遺言書を作成するか、専門家の指導のもとで自筆証書遺言を作成することをおすすめします。

自筆証書遺言を作る際の注意点

これまで**「公正証書遺言」「自筆証書遺言」**という言葉が何度か出てきました。他にも特殊な遺言形式はあるのですが、一般的にはこの二つを押さえておけば大丈夫です。

公正証書というのは、財産管理契約、任意成年後見契約の説明のところでも出てきた通り、公証人役場で作成するものです。

公証人という人（主に昔、裁判官などをしていた法律に精通したスペシャリスト）の前で遺言内容を述べ、それを公証人が書面にして本人確認とその遺言内容の意思確認をした上で公正証書とします。

公証人が本人確認をして、かつ遺言内容も本人に確認の上、書き留める。おまけに証人も二人つけた状態で作成しますので、公正証書遺言の場合、後で偽造問題などが出てくる可能性は限りなくゼロに近くなります。また、法律のプロが最終的に内容をチェックしますので、法的不備もほとんど防げると考えてよいでしょう。

ですから、できることであれば、多少の費用はかかっても遺言書は公正証書で作成することをおすすめします。

公正証書遺言を作成したい場合でも、弁護士や私たち行政書士がその相談から文案作成、公証人に取り次ぐところまで行ないますので、まずは専門家に相談をするところから始めるとよいでしょう。

問題は自筆証書遺言を作成する場合です。前述の「認知」の件もそうですが、法的に間違いがある遺言書ほど手に負えないものはありません。

法的に不備・間違いのある遺言書を作成するくらいなら、いっそ遺言書など存在していないほうがどれほど平和かわかりません。

仮に二人の子供がいたとして、長男に二男よりも少し多めに相続させる旨の遺言書を書いたとします。

しかし、書式が間違っていたためにその遺言書は法的に無効だとします。

その場合、相続人から見ると「父は長男に多めに相続させたい」という意思は感じられる。しかしながら、その意思表示は無効ということになるのです。

自筆証書遺言作成時の注意点

1 書面に書く(録音、録画では無効)

2 自筆で書く(代筆、ワープロ等での記載は無効)

3 単独で書く(夫婦二人で連帯しての遺言は無効)

4 日付を明確に記載する(「吉日」などの不明瞭な記載は無効)

5 署名・押印を行なう

長男からしたら、「法的には無効かもしれないが、親父は俺にこの家を継がせたいのは確かなんだから、この遺言書の通りにすべきだ」と主張するでしょうし、二男は「そんなこと言っても法律上無効なんだから、この遺言書はなかったと考えるべきだよ。親父の財産は2分の1ずつ分けるべきだから、その家を売って現金化しようよ」と、言い出しかねません。こんなことだったら、遺言書が初めから存在しないほうがマシということになるわけです。

しかし、どうしても専門家にも頼らず自筆証書遺言で遺言したいという人のために、上に作成時の注意点を掲げました。十分に確認の上、作成をするようにしてください。

特定の人に財産を多く残したい場合

さて、遺言書は「自分始末」だと言いました。

プラスの財産がある場合、それをどう分配するように指定するかが、あなたの最後の始末となります。

たとえば、自分の子供よりもよほど自分のことを介護してくれたのは子供の嫁だったりする場合には、その嫁に財産分与をするのも一つのメッセージであり、あなたなりの始末のつけ方といえるでしょう（本来、法的には子供の妻には相続権はありません）。

それこそ長く生きている中で多くの営みをしていれば、「この相続人には多く財産を残してあげたい」「この相続人にはできる限り財産を渡したくない」という感情も生まれて当然です。

そして、**遺言ではあなたの自由に相続分を指定してよい**のです。

「長男には1円も相続させない」

「二男に全財産を相続させる」

という遺言を作っても有効なのです。

あれ、そうは言うけど、確か相続人には最低限の取り分みたいなものがあるのではなかろうか？　と思うでしょうが、確かにその通りです。

後述の通り、一定の相続人には遺留分という最低限の相続分を受け取る権利が定められています。しかし、これもその相続人がその権利を主張できるというだけのことであり、遺言書内でその遺留分を侵害するような内容にしていたとしても、遺言書自体が無効になるわけではないのです。

法律で決められた相続人は次ページの通りです。

配偶者は常に相続人になり、第一順位が「配偶者と子」の組み合わせ。

もし、子がいなければ、第二順位の「配偶者と直系尊属（父母・祖父母のうち近い世代が優先）」の組み合わせ。

もし直系尊属が生存していなければ、第三順位の「妻と兄弟姉妹」の組み合わせという形で、法律上の相続人が決まっていくのです。

相続人と法定相続分

順位	配偶者相続分	その他相続分
① 配偶者と子	配偶者… $\frac{1}{2}$	子… $\frac{1}{2}$
② 配偶者と直系尊属	配偶者… $\frac{2}{3}$	直系尊属… $\frac{1}{3}$
③ 配偶者と兄弟姉妹	配偶者… $\frac{3}{4}$	兄弟姉妹… $\frac{1}{4}$

そして、表の通りに法定相続分というものが決められています。

もし、遺言がなければ、被相続人の財産はこの表の割合で分割されることになります（相続人同士の協議で別の割合に変更することは可）。

遺言があれば、表の法定相続分にとらわれずにその遺言通りに分割します（実はこの場合でも、相続人同士の協議で別の割合に変更することは可です）。

しかし、そうなると遺言の内容によっては、相続人でありながら1円も相続できないという事態も起こり得ます。

それでは、被相続人の近親者としてあまりに権利が侵害されてしまいかわいそうだということで、各相続人には**「遺留分」**というものが認められています。

つまり、いくら被相続人が遺言で自分の相続分をなくしたり少なくしたりしても、この分だけは他の相続人に対して権利を主張できるというものです。

遺留分は、法定相続分の「2分の1」が基本だと覚えておくとよいでしょう。

つまり、前ページの表が通常の相続分ですから、その2分の1が遺留分であり、いくら被相続人が遺言でその権利を侵害したとしてもその分だけは主張し、他の相続人に対して自らの遺留分だけは請求できます。

ただし、例外が二つあります。

一つ目は、相続人が「直系尊属のみ」の場合です。この場合だけは、通常の法定相続分の3分の1が遺留分となります（2分の1ではなくなります）。

二つ目が兄弟姉妹についてです。

実は兄弟姉妹には、遺留分は認められていません。

たとえば、「妻と兄弟姉妹」が法定相続人となった場合に、配偶者である妻の今後の生活を守るために遺言で全財産を妻に相続させるとすれば、兄弟姉妹には遺留分がありませんので、自分の取り分を主張することはできなくなります。

ですから、もし自分の財産を相続させたくない相手が兄弟姉妹であるならば、特に策を弄することもなく、遺言書内でその兄弟姉妹への相続分を記載しなければよいだけなのです。

問題は、遺留分を有する「配偶者」「子」「直系尊属」です。

もし、これらの相続人の中でも被相続人に対して著しい非行があった場合には、前述の通り、遺言書で相続人の地位を「廃除」させることも可能です。

ところが、廃除が認められるほどの非行ではない。しかしながら、**感情的な理由からどうしても自分の財産をあげたくはない**というケースはよくあります。

そんな場合の一つの方法が、先ほどのように、その財産をあげたくない相続人には1円も財産を渡さない形で遺言書を作ってしまうということです。

現実的には、その相続人には遺留分がありますから、他の相続人に対して請求をして遺留分を確保することになると思います。しかし、遺留分を請求するか否かは本人の任意であるため、もしかしたら遺言書の通りの分配が実現するかもしれません。

ですから、遺言であえて相続させたくない相続人のことを無視するという方法も割合とられる手段です。

しかし、私としては**この方式はあまりおすすめできません**。

通常は遺留分を請求してきますから、そうなると他の相続人はまず手続き的に面倒なことに巻き込まれます。遺言書の通りに分割した相続財産に対して遺留分を請求されて再び分割することになると、その手間や精神的苦痛は並大抵ではありません。

相続財産が現金だけなら分割も簡単ですが、実際には財産は不動産だったり車だったり、株券だったりします。そう簡単には事が進まなくなります。

それであれば、あえて除外したいと思っている相続人の遺留分だけは、初めから遺言書内で相続させるようにするほうがいいと思います。

しかし、**それでは感情が収まらないというのであれば、さまざまなテクニックもあります**。

たとえば、生命保険をうまく利用するという手があります。

生命保険金というのは不思議な存在で、税務上は相続財産に含まれるのですが、遺産分割の対象にはならないものなのです。

つまり、生命保険金の受取人として自身が多く相続させてあげたい相続人を指定しておけば、生命保険金は遺産分割の対象から外れる形になるので、実際には特定の相続人に多くの財産を渡すことが可能になるというわけです。

もちろん、これにも法律的な規制があり、この手法を使ったとしても生命保険金を遺産分割の対象から外せない場合もあります（判例などにより、どこまで生命保険を使って特定の人に財産を多く渡すことが認められるかは異なっている）。

それでも専門家に相談しながら行なえば、そうしたことも可能になってくるということを覚えておいても悪くはないでしょう。

「付言事項」を書こう

このように見ていきますと、遺言書というのは結構過激な代物です。

当たり障りのない財産分与だけの内容ならよいのですが、誰かを優遇する（冷遇する）財産分与や認知を行なう場合には過激にならざるを得ません。

そうしないと人生のプラスマイナスに始末がつけられないのですから仕方ありません。また、**自分の死と引き換えですから、過激な内容にもできるというのが実情**です。

そして、そうした過激な内容となる遺言書を書く場合にはぜひ、**「付言事項」**をつけたいところです。

遺言書の中には、財産分与という法律的な事項の他に「付言事項」と呼ばれる相続人への私的メッセージを記載することが許されているのです。

それはたとえば子供たちに対して「お前たちは世の中に二人しかいない兄弟だ。これから大変なこともたくさんあると思うけど、お互いに助け合っていつまでも生きていくんだぞ」という言葉でもよいですし、妻に対して「残念ながらオレは病気でお前よりも長くは生きられそうにない。こんな性格だからずっと苦労をかけたし、お前にきちんと感謝の言葉を言ったことさえない。でも、本当に感謝している。もし、死後の世界があるならきっとあの世でまた会いたいと思っている」というものでもよいのです。

付言事項を活用して、先ほどのように感謝の言葉を必ず書き添えていただきたいと思うのです。

もちろん、こうした言葉は何も遺言書の中に書かなくても別に手紙で書いてもいいわけですが（エンディングノートに記載する人も増えています）、遺言書というのはやはり独特の重みを持つものですので、付言事項として書き記すこともぜひ、考えてみてください。

また、遺言で本来の相続分と異なる相続の仕方を指定する場合などには、**不利益を与えてしまう相続人に対してなぜそのような指定をしたのか、その本心を書いておく**と、後に変なわだかまりを残さずに済むという効果も生まれます。

たとえば、もし、あなたに子供がなく、法定相続人は妻とあなたの弟一人だったとします。その場合、遺言を残さずにあなたが亡くなると、法律に従い、あなたの財産は妻が「4分の3」、弟が「4分の1」を相続する権利が生まれます。

もし、相続財産が夫婦で長年住んできた土地・建物くらいしかないという場合でも、弟は法律的には4分の1を相続する権利があるのですから、その権利を主張する可能性があります。

もし、弟が4分の1相続することを主張すれば、残された妻はその家を売って換金し、弟に渡すなどの措置をとらざるを得ません。

しかし、高齢の妻には、できれば今まで通りに同じ家に住まわせてあげたいと思うのが通常の心情です。

この場合、兄弟姉妹には遺留分がありませんので、遺言書で「全財産を妻に相続させる」としておけば弟には相続の権利がなくなります。つまり、合法的に慣れ親しんだ家を妻一人に相続させることができるのです。

ですから、そう考えるのであれば遺言書を書いておくことはまず絶対に必要です。

しかし、いくら合法的とはいえ、本来であれば相続人である弟の権利をなくしてしまうのですから、弟さんもあまりいい気分ではなくなるかもしれません。

そんな時こそ遺言書内に付言事項を書くべきです。もちろん、その弟に向けてです。

「本来であれば兄弟にも相続する権利があることは十分承知しているので、大変申し訳なく思う。しかし、私には相続財産は住んでいる家しかない。これを分割することになれば高齢の妻にとっては非常に大きな負担だし、慣れ親しんだ家、町を離れなければならなくなってしまう。

妻は、これまで苦しい私の事業をともに支えてくれた。感謝してもしきれないくらいだ。妻がいなければ、私は事業で多額の借金を抱えた時に自殺していたかもしれない。

そんなわけで、この家には妻に住み続けてもらい、心安らかな老後を過ごさせてあげたい。ふがいない兄で申し訳ないが、そのような事情で財産を残せないことを許してほしい。できることならば、妻とも変わらず親戚付き合いを続けてくれるよう、お願いしたい。」

このようなことを書いてあるのと、単に遺言書で弟の相続分を失わせる内容が書かれているのとでは、心情は大きく異なってくるでしょう。

相続においては、どうしても不利益を受ける人が出てきます。せめて、そうした相続人に向けて、誠意を尽くした文言を書き添えておくべきでしょう。

また、遺言によって愛人の存在を知らせ、その子供を認知する場合にも、当然に付言事項を書くべきでしょう。

もちろん、どんな付言事項を並べ立てて言い訳したところで、妻と妻との間の子供たちにとっては不快な事実としか受け止めれないのは確かです。

その際に、どのように付言事項を書くべきかはケースバイケースで個々に違うでしょう。なぜ、そのような事態になってしまったのかを記載するほうがよい場合もあれば、余計に妻を不快にさせる場合もあります。それこそ、この世での自分の営みに対する始末ですから、十分に考えて書き上げる必要があるでしょう。

また、特に過激な内容でない場合でも、**遺言書に添えられるメッセージというのは受け取る側にとっては非常に重たく一生忘れられないものとなります**。「これからの人生で、これだけは守ってほしいこと」を、子供たちに伝えるのにも絶好の場であるといえます。

法律以外のことも書けるラストメッセージ

本書の巻末には、私が製作したエンディングノートの一部を掲載していますが、こうしたエンディングノートを書く方が本当に増えてきています。

遺言書に書けるのは基本的には法律的なことに限られます。「付言事項」には法的な問題を超えたメッセージを書くことはできますが、基本的には遺言書の内容を補完する内容になります。

しかし、何十年も生きていれば身近な人々に残すべきメッセージもたくさんあるはずです。普段は気恥ずかしかったり、いろいろと差し障りがあったりで伝えられないことでも**自分の死後に読まれるということなら本音で書けるはず**です。

私の事務所で販売しているエンディングノートの項目は、次ページの表の通りです。シンプルに必要最低限の項目を押さえてありますので、これを参考にご自身で工夫さ

「エンディングノート」項目

1 **自分のこと**：住所・氏名など基本項目

2 **私の歴史**：学歴・職歴・思い出など

3 **家系図・家紋**：自分がどのような先祖のもとに生きてきたのかを伝える

4 **終末期医療〜尊厳死について〜**：尊厳死の宣言書あるいは延命治療の希望

5 **終末期に連絡してほしい人**：家族が困らないように、連絡する時期も明記

6 **介護の希望**：どこで介護を受けたいかなど

7 **自分の財産について**：財産・負債の存在を明確に相続人に伝える

8 **保険・年金のこと**：公的年金に加えて加入している民間保険の情報も

9 **遺言書について**：遺言書がどこにあるかを記載しておく

10 **葬儀・墓についての希望**：どのような葬儀・墓を望むのか

11 **家族へのメッセージ**：普段は言えないことでも一人ひとりに向けて

12 **友人・知人へのメッセージ**：家族以外にもメッセージを残したい人に

13 **私の写真**：記念写真＋遺言書・尊厳死の宣言書を持った写真を

れて市販のノートを使って記載してみるのもよいでしょう。

こういうものを書いていくと、自分自身のこれまでの歴史にも整理がつきます。

時には、職歴などを思い出しながら記載しているうちに公的年金の漏れに気づく方もいます。

エンディングノート作成は、**残される家族のためでもあり、自分のためでもある**のです。

負債の情報はしっかりと記入しておく

この中で実務的に大事なものとして、「負債」の記載が挙げられます。

先ほども申し上げましたが、相続というのはプラスの財産だけではなくマイナスの財産（負債）も含まれます。あなたが死亡した後、相続人が何も行動しなければ自動的にマイナスの財産も相続してしまいます。

これは結構恐ろしいことで、被相続人が死亡して3カ月が経過すると、**「単純承認」といって相続人はプラスマイナス双方の財産をすべて相続することを自動的に認めたことになる**のです。

もし、放棄をしたければ相続人は3カ月以内に裁判所に相続放棄の手続きをとらなければならないのです。

しかし、3カ月以内に負債の存在に気がつかなければ通常、そのような手続きはしません。ですので、マイナスの財産がプラスの財産を上回っているにもかかわらず、知らぬ間に単純承認をしてしまうということが結構あります。

ですから、被相続人にお金を貸している側も、意図的に死亡の日から3カ月以上経過した後に相続人の前に現れます。

私などは行政書士という仕事をしているので、負債を抱えたまま病気等で入院し、自分の死を予感したならば、当然に負債の存在を相続人に伝えるのが常識だろうと思っていますが、現実には意外とそれ（負債について）を語らないまま亡くなってしまう人が多いようです。

負債といっても、単純な借入金だけとは限りません。市役所に払うべき保険料等が数十万円、時には百万円以上未納というケースもありました。

また、誰かの借金の連帯保証人になる「保証債務」も原則、相続人に相続されますので注意が必要です。

こうした債務の存在も生前には家族には言えないという事情もよくわかります。

私などは仕事柄、多くの経営者とお付き合いがあります。世間では「保証人にだけはなってはいけない」と、よく言われますし、私もそうだとは思います。

とはいえ、小さくても一国一城の主（経営者）である場合には、そんな理屈だけでは城を守れない時があります。はからずも保証債務を抱える。一時的に多額の借入を行なうということがあるのも現実です。

生前には家族にも言えないことがあるのもまた人生だと思います。

しかし、**負債の存在を伝えずにこの世を去るのは家族（相続人）への背信行為**です。死後（あるいは意識不明の状態）に読まれるエンディングノートの中だけでは、ありのままの真実を書いておきましょう。

葬儀・お墓の希望も明確に

遺言書を書くことにより、自身の生前の営みについての始末も一応つきます。

しかし、自分の死後に一つだけ、自分を中心にしたイベントが待っています。

それが「葬儀」であり、「お墓」の問題です。

最近は葬儀も本当に多様化しており、終活の一環として自身の葬儀を生前に予約して、告別式での演出や飾る写真まですべて自分でプロデュースする、ということも流行っています。もはや趣味の一環と言えるほど、のめり込んでいる方もいるようです。

自分の財産の範囲内で盛大にやるのは自由ですから、興味のある方はぜひ、生前予約を受け付けている葬儀社に連絡をしてみてください。

その一方で急激に伸びているのが、全く対照的な「直葬」と呼ばれる形態です。

読んで字のごとくなのですが、お通夜も告別式も行なわない葬り方です。

遺体を安置した自宅等から直接火葬場に運び、火葬する……それで終わりです。日本の一般的な葬式の平均費用は二百数十万円などといわれていますが、直葬の場合にはせいぜい20～30万円程度の費用です。

昨今の不況の影響でこの直葬が増えているんだろうな、と思いきや故人は意外と富裕層の人も多いといわれています。つまり、経費節減のためではなく、**故人のポリシーのもとにお通夜、告別式不要の直葬を選んでいる**のです。

もちろん、各人ともにその理由は異なるでしょうが、基本的には残される配偶者や子供たちに手間をとらせたくない。それこそ、葬式に数百万円もかけるなら、遺産として残してあげたいという心情もあるでしょう。

もう一つには、超高齢化社会・無縁化社会を反映しているともいえるでしょう。日本人の平均寿命は非常に高く、亡くなる人の子供でさえ既に高齢化しています。本来なら葬儀に参列するはずの友人・知人も既に80代後半以降となれば、施設や病院に入っていたりして出向けない。そのような状況のなかで昔のように盛大に葬儀を行なう意味もあまり見出せないというのが実情です。

それであれば費用も安く、既に高齢化している子供や友人・知人にも迷惑をかけず、直葬で――という流れが主流になる日もそう遠くなさそうです。

ただし、もしあなたが「私も直葬で十分」と思ったとしても、そこは残された家族たちもやはり世間体というものがあります。直葬で済ませれば、親戚等々から「なんて薄情な……」なんて陰口を叩かれかねないのも日本社会です。

ですから、本当に「直葬」「家族葬」といった質素な葬儀でいいと考えるのであれば、エンディングノートにその旨をはっきり書いておくべきでしょう。それを見れば、あなたの親戚や縁故者も納得できるし、家族も変な中傷にさらされずに済みます。

また、最近では「散骨」「樹木葬」（樹木を墓標として埋葬する方式）といったものを希望される方も多くなっています。

私個人としては、海などに散骨されると何だか寒いような気がして躊躇してしまいますが、樹木葬のように綺麗な花の下で永遠に眠れるのはいいような気がしています。

もちろん、この辺りは個人の価値観で違いがあって当然で、散骨に魅力を感じる方も年々増えています。

散骨を請け負う業者や、樹木葬を行なっている寺・霊園も増えてきています。

ただ、現実的には昔ながらの「墓」に入るケースが圧倒的多数ではあります。

しかし、その場合でも昔ながらの家墓ではなく、親しかった人同士で同じ墓に入るなど新たな形態がどんどん出てきています。

しかし、こうした特殊な埋葬を希望するのであれば、エンディングノートに記しておかないと、家族はやはり無難な形での埋葬をせざるを得なくなります。

また、昔ながらの家墓を自分の死後も代々守ってもらいたいと思うのであれば、**生前から祭祀継承者を決めておき、本人にもその旨の承諾をとった上でエンディングノート内でも祭祀継承者として指名をしておきます**。

一昔前とは異なり、家墓の場合は生活地域と墓の所在地が離れてしまうケースも多く、祭祀継承者には負担も多くなります（霊園の場合は管理料程度の負担でしょうが、菩提寺がある場合にはお布施や役務も発生します）。

もし、お墓を生活地域に移転しようと思えば、菩提寺に相応の金額（数百万円）を渡さなければなりません。遺言書等でその分を考慮した分割になるようにしておくべきでしょうし、付言事項としてその旨を明記しておけば他の相続人も納得ができ、かつ祭祀継承者には責任感も生まれます。

「終活」は意外に忙しい

本書もいよいよ終わりに近づいています。

実際こう書いてきて思うのは、一口に終活と言っても本当にその項目は幅広く、人生が終わりに近づいているとはいっても（いえ、終わりが近づいているからこそ）やらなければいけないこと、考えなければならないことがたくさんあるのだなということです。

それだけ一人の人間が生きているということはドラマチックであり、それを最後にきれいに「まとめあげる」というのは並大抵のことではないようです。

そう、終活というのは結構大変な作業なのです。

しかし、あまり肩に力が入ると疲れてしまいます。きちんと自分の「終わり」を見据えることは大事ですが、この長寿の時代、これを読んでいる方の人生もまだまだ数十年も残っているはずです。まずは、エンディングノートを書き始めること辺りから、気軽に終活に慣れ親しんでみてはいかがでしょうか？

巻末付録

エンディングノート

記入日：　　　年　　月　　日

※さらに詳細な説明（記入者とノートを読まれる方への説明）も記載されている実際のエンディングノートのご購入を希望される方は、丸山行政書士事務所のサイトへアクセスしてください⇒ http://www.pasu123.net/

1. 自分のこと

まずは住所・氏名など基本項目を書き出しましょう。「ご本人が書いた」ということが伝わる大事なページでもあります。

氏　名

生年月日　　　　　　　　　年　　　月　　　日

住　所　〒

本籍地

血液型　　　　　　　　　型

出生地

私の宝物

---

2. 私の歴史

あなたの略歴を整理しましょう。学生時代や職場での写真を添付すれば、残された方にとってもかけがえのない財産となります。

学　歴

年　　月　入学・卒業

年　　月　入学・卒業

年　　月　入学・卒業

年　　月　入学・卒業

年　　月　入学・卒業

年　　月　入学・卒業

年　　月　入学・卒業

年　　月　入学・卒業

職　歴

年　　月　入社

年　　月　入社

年　　月　入社

年　　月　入社

資格・免許

誇りなこと

悔いが残ること

意思を継いでほしいこと

できれば　　　　　　　　　　に継いでほしい

3. 家系図・家紋

家系図を明確にしておくと、あなたが亡くなった後の相続手続きにおいて、ご家族などが非常に助かります。

◎家紋

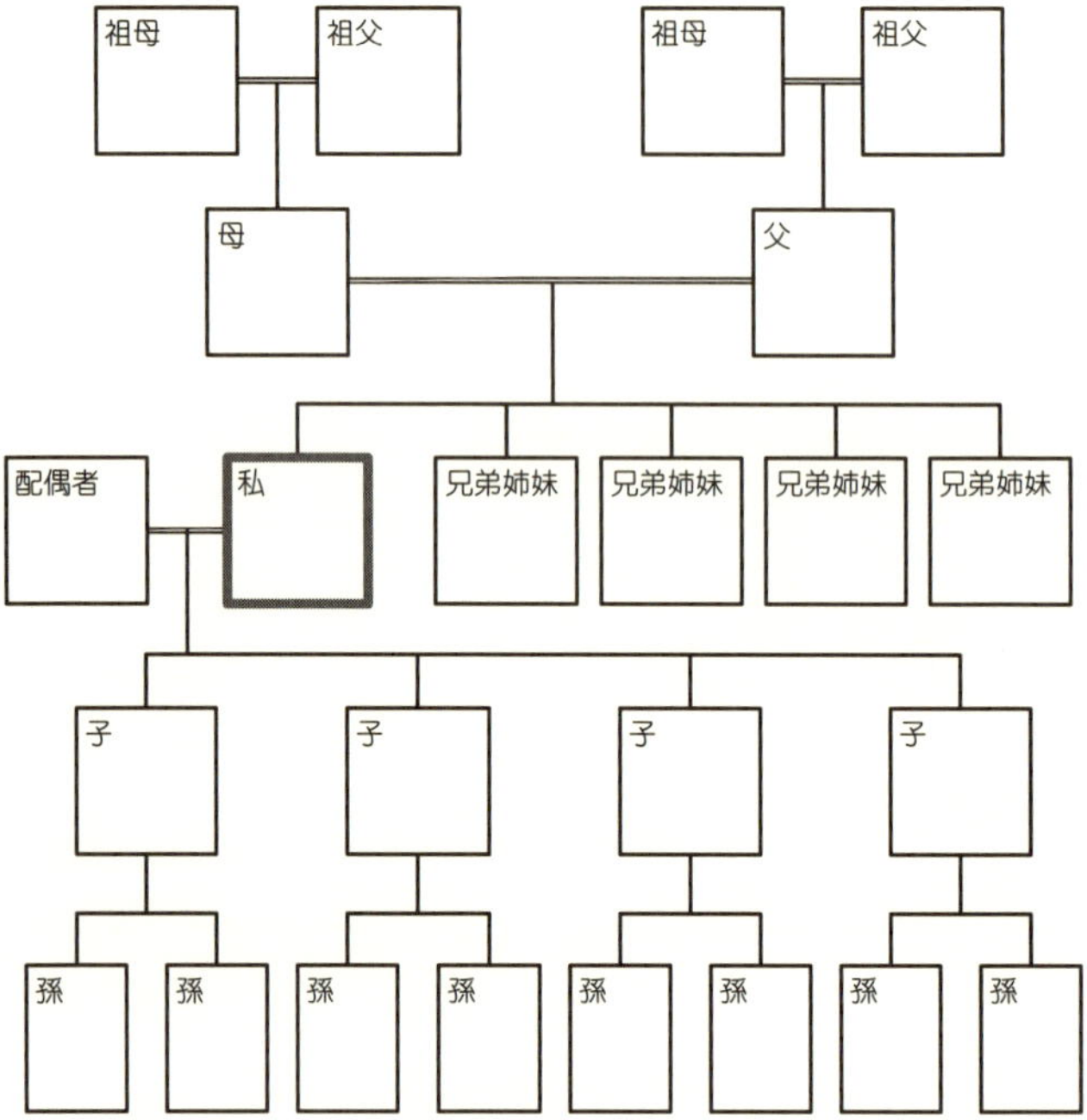

◎家紋

由来など

4. 終末期医療 ～尊厳死について～

尊厳死および延命治療の希望があれば、書面でその意思を残しましょう。できれば公正証書として作成することをおすすめします。

◎尊厳死についての希望

私は・・・・・

□尊厳死を希望します

→ □下記「尊厳死の宣言書」の通り
□別途「尊厳死の宣言書」を作成しています
（保管場所：　　　　　　　　　　）

□できる限りの延命治療を希望します

□その他（　　　　　　　　　　　　　　　）

尊厳死の宣言書

1. 私の病気が、今日の医学では不治の状態にあり、死期が迫っていると診断された場合には、単に死期を引き延ばすためだけの延命措置は、一切拒否いたします。
2. その場合、私の苦痛を和らげる措置は、最大限にしてくださるようにお願いします。そのために、麻薬等の副作用で死期が早まったとしても、一向に構いません。
3. 私が、数カ月以上にわたって、いわゆる植物状態に陥ったときは、一切の生命維持装置を取り止めてください。

以上、私の尊厳死宣言による希望を忠実に果たしてくださった方々に、深く感謝申し上げるとともに、その方々が私の希望に従ってくださった行為の一切の責任は、私自身にあることを申し添えておきます。

平成　　年　　月　　日

住所＿＿＿＿＿＿＿＿＿＿＿＿＿＿＿＿＿＿＿＿

氏名＿＿＿＿＿＿＿＿＿＿＿＿＿＿＿＿＿＿㊞

5. 終末期に連絡してほしい人

病気等で意思表示ができない状態、あるいは死亡時に、家族が困らないように連絡先・連絡時期などを一覧にしておきましょう。

氏　名	連絡先（住所・電話・メールなど）	私との関係	いつ知らせるか？
			□ 終末期（死亡前） □ 死亡時（葬儀前） □ 葬儀終了後
			□ 終末期（死亡前） □ 死亡時（葬儀前） □ 葬儀終了後
			□ 終末期（死亡前） □ 死亡時（葬儀前） □ 葬儀終了後
			□ 終末期（死亡前） □ 死亡時（葬儀前） □ 葬儀終了後
			□ 終末期（死亡前） □ 死亡時（葬儀前） □ 葬儀終了後
			□ 終末期（死亡前） □ 死亡時（葬儀前） □ 葬儀終了後
			□ 終末期（死亡前） □ 死亡時（葬儀前） □ 葬儀終了後
			□ 終末期（死亡前） □ 死亡時（葬儀前） □ 葬儀終了後
			□ 終末期（死亡前） □ 死亡時（葬儀前） □ 葬儀終了後
			□ 終末期（死亡前） □ 死亡時（葬儀前） □ 葬儀終了後

6. 介護の希望

介護への考え方を整理する意味合いも含め、どこで介護を受けたいかなどを記入しましょう。

◎介護について

基本方針

□できるだけ手厚いサービスを受けたい
□できるだけ費用を抑えてほしい
□その中間ぐらいのサービスで
□その他（　　　　　　　　　　　　　　　　　　）

誰に介護してほしいか

□配偶者
□家族（氏名：　　　　　　　　　　　　　　　　）
□介護の専門家（指定業者：　　　　　　　　　　）

どこで介護を受けたいか

□できる限り自宅で
□子供の自宅で（氏名：　　　　　　　　　　　　）
□病院（指定病院：　　　　　　　　　　　　　　）
□施設（施設名：　　　　　　　　　　　　　　　）
□その他（　　　　　　　　　　　　　　　　　　）

◎私のかかりつけの病院

病院名（担当医師）	所在地	電話番号	病名など

7. 自分の財産について

相続人の負担を少しでも減らすため、確定財産・負債の存在を明確に伝えましょう。

◎財産について

[預貯金]

金融機関	種別・口座番号	名義人

[不動産]

種別	所在地	所有者	特記事項
□ 土地 □ 建物			
□ 土地 □ 建物			
□ 土地 □ 建物			
□ 土地 □ 建物			

[その他の財産(株式・会員権・貴金属・骨董品・貸付金)]

◎負債について

種別	相手方	金額	弁済条件等	証書の有無
□ 借入金 □ 保証債務 □ クレジット □ その他				□ 有　□ 無 保管場所:
□ 借入金 □ 保証債務 □ クレジット □ その他				□ 有　□ 無 保管場所:

8. 保険・年金のこと

公的年金に加えて加入している民間保険の情報もきちんと確認して記入してください。

◎公的年金

現状は・・・

□受給中　□受給していない　□受給資格はあるが受給していない

基礎年金番号	年金証書番号	保管場所

厚生年金基金など	連絡先	特記事項

◎民間保険

保険会社	種別	証券番号	受取人	特記事項

証券類保管場所（　　　　　　　　　　　　　　　　）

9. 遺言書について

遺言書は公正証書遺言で残し、このノートには「遺言書が存在するか否か」とその保管場所についても記載します。

◎遺言について

□作成していません

□このあと作成予定です(自筆証書遺言、公正証書遺言)

□作成してあります(作成日付:　　　　年　　　　月　　　　日)

→ □自筆証書遺言(保管場所:　　　　　　　　　　)
　 □公正証書遺言(公証人役場名:　　　　　　　　　　)

注意　遺言は、このノートには記載せず、別途「自筆証書遺言」もしくは「公正証書遺言」で作成してください。

◎関係専門家

氏名・法人名	職種	連絡先	特記事項
	□ 弁護士 □ 行政書士 □ 税理士 □ その他 (　　　　)		
	□ 弁護士 □ 行政書士 □ 税理士 □ その他 (　　　　)		
	□ 弁護士 □ 行政書士 □ 税理士 □ その他 (　　　　)		
	□ 弁護士 □ 行政書士 □ 税理士 □ その他 (　　　　)		
	□ 弁護士 □ 行政書士 □ 税理士 □ その他 (　　　　)		

10. 葬儀・墓についての希望

どのような葬儀・墓を望むのか、意思表示をしておきましょう。祭祀継承者については遺言書で指定する必要がある場合も。

◎葬儀について

□火葬のみを希望します

□家族葬を希望します（範囲：　　　　　　　　　　）

□通常通りを希望します

□生前予約している業者がいます（業者名：　　　　　　　　　　）

その他の希望（宗派・菩提寺・戒名・喪主・写真等について）

◎墓について

□すでにあるお墓に入れてください

名称＿＿＿＿＿＿＿＿＿＿＿＿＿＿＿＿

所在地＿＿＿＿＿＿＿＿＿＿＿＿＿＿＿

電話番号＿＿＿＿＿＿＿＿＿＿＿＿＿＿

□散骨、樹木葬を希望します（場所：　　　　　　　　　　）

□その他

（新しい墓、永代供養墓への納骨希望、永代供養料の支払いの有無等）

◎祭祀継承者について

＿＿＿＿＿＿＿＿＿＿に継承してもらいたい

11. 家族へのメッセージ

普段は言えないことでも、自分の死後に読んでもらうという前提なら書けることもあるはずです。

◎最後のメッセージ

へ　　　年　　月　　日

へ　　　年　　月　　日

へ　　　年　　月　　日

へ　　　年　　月　　日

へ　　　年　　月　　日

12. 友人・知人へのメッセージ

家族以外にもメッセージを残したい人に、あなたの想いを記しておきましょう。

◎最後のメッセージ

さんへ　　年　月　日

さんへ　　年　月　日

さんへ　　年　月　日

さんへ　　年　月　日

[世の中へのメッセージ（私の人生で感じたこと。こういう世の中になってほしい等）]

13. 私の写真

遺言書・尊厳死の宣言書を作成した場合、その書面を持って写真を撮ります。あなたが作成したものだという証明にもなります。それとは別に記念の1枚も貼ってあなたの貴重な人生の記録としましょう。

◎尊厳死の宣言書・遺言書作成時

◎記念の1枚

【著者略歴】
丸山　学（まるやま　まなぶ）
丸山行政書士事務所、株式会社丸山事務所代表
1967 年埼玉県生まれ。民間企業の経理・総務課長職を経て、2001 年 8 月行政書士事務所を開業。
遺言書作成等の法務だけではなく、自らの先祖を 900 年たどるなどして家系図作成業務を行なうなど旧来の行政書士の枠を超えた活動を続ける。
著書に『「家系図」を作って先祖を 1000 年たどる技術』『10 年間稼ぎ続ける行政書士の「新」成功ルール』（同文舘出版）、『社長になっていい人、ダメな人』（PHP 研究所）等がある。

◉著者が提供する「終活」お役立ちサイト
⇒「終活 ～エンディングノートで生前準備」http://www.pasu123.net/
◉著者が提供する「家系図」作成サイト
⇒「1000 年たどる家系図の作り方」http://www.5senzo.net/

最期まで自分らしく生きる 終活のすすめ

平成23年10月5日　初版発行

著　　者 ―――― 丸山　学
発 行 者 ―――― 中島治久
発 行 所 ―――― 同文舘出版株式会社
東京都千代田区神田神保町1-41　〒101-0051
営業（03）3294-1801　編集（03）3294-1802
振替00100-8-42935　http://www.dobunkan.co.jp

ISBN978-4-495-59531-9
印刷／製本：萩原印刷
Printed in Japan 2011